中华经典精粹解读

韩非子

高小慧　陈　才　编著

中華書局

图书在版编目（CIP）数据

韩非子/高小慧，陈才编著．—北京：中华书局，2011.9（2024.7重印）

（中华经典精粹解读）

ISBN 978-7-101-08157-2

Ⅰ．韩…　Ⅱ．①高…②陈…　Ⅲ．①法家②韩非子-注释③韩非子-译文　Ⅳ．B226.5

中国版本图书馆 CIP 数据核字（2011）第 169939 号

书　　名　韩非子

编 著 者　高小慧　陈　才

丛 书 名　中华经典精粹解读

文字编辑　徐麟翔　罗明钢

责任编辑　刘　三

责任印制　陈丽娜

出版发行　中华书局

（北京市丰台区太平桥西里 38 号　100073）

http：//www.zhbc.com.cn

E-mail：zhbc@zhbc.com.cn

印　　刷　天津画中画印刷有限公司

版　　次　2011 年 9 月第 1 版

2024 年 7 月第 4 次印刷

规　　格　开本/880×1230 毫米　1/32

印张 7　插页 1　字数 100 千字

印　　数　21001-24000

国际书号　ISBN 978-7-101-08157-2

定　　价　45.00 元

出版说明

在快节奏的现代生活中，如何在有限的时间里读到中国传统文化中最经典的著作？怎样才能尽快领略到经典的核心要义，减少在茫茫书海中不得要领的辛苦？“中华经典精粹解读”丛书正是为适应当代读者需求而特别编写的国学经典普及丛书。

丛书“精粹”二字体现在两个方面：一是所选典籍均为中国传统文化中最具代表性的著作，二是所选文段均为经典中的精华部分。

原文后附“扩展阅读”，是参照原文选段，从其他经典著作中选摘出的内容、思想与本段相关的语段，以使读者获得比较阅读的乐趣，视野得以开阔，思路得以拓宽，从而更加全面深入地理解选文。

段末“点评”，是在充分尊重前人思想成果的基础上，从当代人的视角出发，对文段精髓加以讨论解读，以唤起读者更多的思索和体悟。

原文选段及扩展阅读选段之后，辅以侧重语词解释的注释和串讲文意的译文，不作繁琐考证，以助理解；生僻字词均加注汉语拼音，以利诵读。

本套丛书选用中华书局出版的权威版本作为底本，由富有研究成果的专家学者协力遴选篇章、撰写导言及点评，在此对专家学者们“撷取务精、注释务准”的专业精神表示由衷谢意。

藉由此书，我们愿为古典文学爱好者以及有兴趣了解经典的读者奉上可参考的常备读本。希望我们的努力可以为传统经典贴近当代读者、当代读者走近传统经典助力。

中华书局编辑部

2011 年 9 月

导　言

《韩非子》是先秦法家集大成之杰作，是我国古代政治学方面的名著，在古代哲学、文学史上也享有盛誉。它和先秦诸子百家如道家、儒家、墨家、兵家、名家、阴阳家等学派的著作交相辉映，共同组成了灿烂夺目的中国优秀传统文化。宋朝名相赵普说："半部《论语》治天下。"无独有偶，近代著名学者、革命家章太炎称"半部《韩非子》治天下"。严复在上光绪帝的"万言书"中也说："在今天要谈救亡图存的学说，我想只有申不害、韩非子的大致可用。"这里的两个"半部说"，恰好合二为一，它正是中国封建社会统治思想的集中体现，"霸王道杂之"也好，"外儒内法"也好，都说明儒、法思想整体上的结合，构成了封建社会中占统治地位的思想基础，形成了一个时代的精神支柱。它也说明儒、法的互补性，可合成性。不仅儒、法两家如此，而且两家与百家也是互相渗透、相辅相成的，共同支撑着我国传统文化，并从不同角度完成其历史使命。正如东汉史学家班固在《汉书·艺文志》中所说：诸子百家对于治国来说，均可为帝王们斟酌去取，达到"通万方之略""同归而殊途"的最佳境界。因此可以说，《韩非子》是我国重要的文化遗产。

这部著作是战国时"韩之诸公子"韩非愤世嫉俗之作。他目睹国家衰亡，自己的谏言又被拒绝，失望之余只好埋头著书，写下了十余万言的惊世之作。当时秦始皇正踌躇满志，欲驾长策而驭宇内，偶读《孤愤》《五蠹》两篇奇文，以为先贤所作，恨不得见。这时廷尉李斯告诉秦始皇说是他的同学韩非所作。于是，秦王急攻韩国，韩非临危受命，出使秦国，并被召见。但是，未见重用。这时，李斯乘机陷害韩非，并在公元前233年，把韩非毒死在狱中。然而，令韩非没有想到的是，在他死后十二年，秦始皇实现了由他提出的建立中央集权君主专制帝国的愿望。

韩非的政治思想主要有三个来源：一是商鞅的法，二是申不害的术，三是慎到的势。此外，也吸收了道家、儒家、墨家、名家的一些思想，加以融会贯通，构成自己的独到见解，形成了臻于完善的法家思想体系，这是他一生智慧的结晶。所谓法，就是以法治国，不以君主的个人意志为转移，而是“以法为本”，做到“矫上之失”“一民之轨”“法不阿贵”“令行禁止”，它与“刑不上大夫，礼不下庶人”的贵族法权观念相比，显然是历史的重大进步。术，是君主驭臣之术，和法一样重要，二者不可缺一。“君无术则蔽于上，臣无法则乱于下。此不可一无，皆帝王之具也。”所不同的是，法宜公开，术宜深藏。势，就是权力和地位。失势，君主就大权旁落，权臣就当道，国家就衰亡。任势，就是实行中央集权，君主专制，实现富国强兵，结束诸侯割据和战乱。在当时来说，中央集权是历史的必然和进步。

形成韩非政治思想的基础是历史进化论、唯物的自然观、自利的人性论，并且从中概括出治国、做人都要从道、理、德出发，才能实现国家的长治久安，人生的长生久视。所以，韩非向君主、百官、世人大声疾呼：“早服道、理!”只有早服，才能克服私欲，为公利国，趋利避害。这对于治国、人生均具有指导意义。利于国计民生，是这部著作的最高价值观。《韩非子》在文学艺术方面的造诣极高，贡献也是突出的。他的议论文不仅思想深邃、观点鲜明，而且结构严密、条贯酣畅、剖析透彻，读之让人折服。文章语言老到，文辞华美，充实有物，文势磅礴，韵律优美，有的篇章全篇用韵，开骈俪唯美文学之先河。文章多用排比、对偶，寓言托意，故事成语连篇累牍，几成故事之林，成语典故之渊薮。且能融思想性、趣味性于一体，生动活泼，引人入胜。唐宋以来，学人视韩书为作文典范，当然是毫不奇怪的。

无论帝王之术，或是处世为人之道，从韩书中都可以吸取一些有益于今人的思想精华，作为一面历史的镜子，《韩非子》当之无愧。当然，韩非思想并非没有局限性，错误的观点也必然存在。但是，这不影响我们从中得到启迪。能识别错误，指出错在何处，这也是当代读者应该培养的一种能力。阅读古文，重在培养鉴赏能力和鉴别能力。笔者愿与朋友们共勉。

本书从《韩非子》中精选了四十七篇，总体上可分三类：帝王治国之道、将相百官事君之术和处世为人的哲学。每一篇原文之后有注释、译文、扩展阅读和点评。扩展阅读旨在扩大读者的视野，把《韩非子》与传统名著精华联系起来，使得阅读网络化、立体化、综合化，可以在知识的相互比较、补充、融合和重新构建中，开拓读者思路，碰撞智慧火花。点评只是一个启发，未能全面揭示其中的思想内容，其目的在于提升读者的分析判断能力，引导读者进行思维创新。本书对《韩非子》一书中的史事情节、版本校勘异同、篇章真伪诸问题一律未做考证和注释，当作专题研究。

本书各篇原文均选自中华书局版诸子集成本。

高小慧

目　　录

一　人主之道　静退为宝

人主之道，静退以为宝①。不自操事而知拙与巧②，不自计虑而知福与咎③。是以不言而善应，不约而善增。言已应，则执其契；事已增，则操其符。符契之所合④，赏罚之所生也。故群臣陈其言，君以其言授其事⑤，事以责其功⑥。

（《韩非子·主道第五》）

【注释】

①静退：恬淡谦逊，不竞名利。

②操：从事。

③计虑：计议谋虑。　咎：这里泛指灾祸、凶难、过失、错误之意。

④符契：中国古代朝廷传达命令、征调兵将以及用于各项事务的一种凭证。用金、铜、玉、角、竹、木、铅等不同原料制成。用时双方各执一半，合之以验真假，如兵符、虎符等。

⑤授：给，与，安排。

⑥责：要求，责求。

【译文】

君主的为政之道，是把恬淡谦逊、不竞名利当成法宝。不亲自操劳事务而能知道笨拙与巧妙，不亲自计划和谋虑而能知道是福还是祸。因此不说话而有好的回应，不约束而有好的增加。说话有了回应，那么就把它当成契约；事情已增加功效，那么就把它当成信符。契约与信符相合，就是赏罚产生的依据。所以群臣陈述自己的意见，君主就可以根据他们的意见安排他们的工作，然后根据他们的职事来责求他们的功绩。

扩展阅读

苑风曰："夫子无意于横目之民乎①？愿闻圣治。"谆芒曰："圣治乎？官施而不失其宜②，拔举而不失其能③，毕见其情事而行其所为，行言自为而天下化，手挠顾指④，四方之民莫不俱至，此之谓圣治。"

（《庄子·天地》）

【注释】

①横目之民：亦即人民。五行之内，惟民横目，故"横目"成为"人"的代称。"横目之民"谓四面瞻望圣治的百姓。

②官：设立官职。　施：推行政令。　宜：适当，恰当。

③拔举：提拔人，任用人。　能：贤能之士。

④挠：动。　顾指：谓顾盼指挥之间。

【译文】

苑风说："先生不关心庶民百姓吗？希望能听到圣人之治。"谆芒说："圣人之治吗？设置官吏、施布政令处处合宜得体，举贤任才不遗忘一个能人，看清事情的真情实况而去做自己应该做的事，在行为、言语的影响下人人都自然顺化，挥手示意，四方的百姓没有谁不汇聚而来，这就叫圣人之治。"

点评

无为而治是道家的基本思想，也是其修行的基本方法。老子认为天地万物都是由道化生的，而且天地万物的运动变化也遵循道的规律："人法地，地法天，天法道，道法自然。"既然道以自然为本，那么对待事物就应该顺其自然，垂衣拱手，无为而治："是以圣人处无为之事，行不言之教。"明君圣主应该采取无为之道来养生治世。庄子也认为从政的要领是纵任民心，无为而治，而有为之治不过是螳臂挡车，自处高危。韩非子在这节中适当地吸收了道家"无为"思想的合理内核，论述了当领导人的技巧。有一些领导人事必躬亲，虽说十分负责任，但也会使下属的智慧与潜力得不到充分的发挥，阻碍了下属的创新意识，让下属养成一种不良的依赖习惯，自己也弄得焦头烂额、身心俱疲。领导应该集中力量对全局性工作作深思熟虑的思考，从而把握大局，统筹规划，全方位地推进事业发展。

二　强干弱枝　毋使比周

欲为其国[1]，必伐其聚[2]；不伐其聚，彼将聚众[3]。欲为其地[4]，必适其赐；不适其赐，乱人求益。彼求我予，假仇人斧[5]；假之不可，彼将用之以伐我。黄帝有言曰[6]：“上下一日百战[7]。”下匿其私[8]，用试其上；上操度量[9]，以割其下[10]。故度量之立，主之宝也；党与之具[11]，臣之宝也。臣之所不弑其君者，党与不具也[12]。故上失扶寸[13]，下得寻常[14]。有国之君，不大其都[15]；有道之臣，不贵其家。有道之君，不贵其臣；贵之富之，彼将代之。备危恐殆[16]，急置太子，祸乃无从起。内索出圉[17]，必身自执其度量[18]。厚者亏之[19]，薄者靡之[20]。亏靡有量[21]，毋使民比周[22]，同欺其上。

（《扬权》）

【注释】

①为：治理。

②聚：集聚而成的人群，这里指朋党。

③聚众：朋党聚集得越来越多。

④地：指国土。

⑤假：借。

⑥黄帝：我国原始社会末期轩辕氏的部落首领，战胜炎帝、蚩尤之后成为氏族部落联盟的首领。传说我国最早的养蚕、舟车、文字、音律、医学、算术等，都创造于这个时期。战国黄老学派把他说成是本学派的创始人，法家称他为最早推行法治的杰出帝王。

⑦上下：君主和臣下。

⑧匿：隐藏。

⑨度量：比喻法度。

⑩割：制裁。

⑪党与：即党羽、朋党。　具：具备，这里指形成。

⑫不具：还没有形成。

⑬扶寸：四指的宽度为一扶，一指的宽度为一寸。

⑭寻常：古代长度计算单位，八尺为一寻，两寻为一常。

⑮都：指封君的都城。

⑯备：防止。　殆（dài）：危险。

⑰出：指在宫廷外。　圉：抵御。

⑱身：亲自。　度量：法度。

⑲厚：指多。　亏：减少，损耗。

⑳薄：指少。　靡（mí）：增加。

㉑量：限度，分寸。

㉒比周：紧密勾结。

【译文】

要把国家治理好，必须禁止结党；不禁止结党，大臣就会聚众。要治理封地，赏赐采地就要适当；不论功行赏，乱臣就会趁机求赏。臣求增益，君即给予，犹如把利斧授仇人；给予不当，乱臣就会用利斧来杀害国君。黄帝说过：“君臣相争，一日有百次争斗。”臣僚隐匿私心，以便窥测国君；君主掌握国家法纪，以便禁绝臣下作乱的企图。因此，设立法度，是国君的法宝；纠集党羽，是大臣作乱的依靠。

大臣不敢篡弑国君，是因为羽翼尚不丰满。所以说，君主失之毫厘，乱臣就获利百倍。君主治国，不能扩大封国都城；讲法度的大臣，不让家臣巨富；讲法度的国君，不让大臣显贵。大臣畸形富贵，时机成熟，就会取而代之。防备灾难，恐生危殆，就要及早立太子，篡弑之祸就可以避免。朝内搜捕乱臣，朝外禁闭奸邪，君主必定要亲自掌握法度。赏罚过重的适当减损，过轻的适当增加，增减有法可依，不让大臣朋比为奸，结党营私，共同欺主。

扩展阅读

臣闻朋党之说[①]，自古有之，惟幸人君辨其君子小人而已[②]。大凡君子与君子以同道为朋[③]，小人与小人以同利为朋，此自然之理也。然臣谓小人无朋，惟君子则有之。其故何哉？小人所好者禄利也，所贪者财货也。当其同利之时，暂相党引以为朋者[④]，伪也；及其见利而争先，或利尽而交疏，则反相贼害[⑤]，虽其兄弟亲戚，不能自保。故臣谓小人无朋，其暂为朋者，伪也。君子则不然。所守者道义，所行者忠信，所惜者名节。以之修身，则同道而相益；以之事国，则同心而共济；终始如一，此君子之朋也。故为人君者，但当退小人之伪朋[⑥]，用君子之真朋，则天下治矣[⑦]。

（《朋党论》）

【注释】

①朋党：原本指一些人为自私的目的而互相勾结，朋比为奸；后来泛指士大夫结党，即结成利益集团。

②惟：只。　幸：希望。

③大凡：大体上。　道：一定的政治主张或思想体系。

④党引：结为朋党，互相援引。

⑤贼害：伤害。

⑥退：斥退，罢黜。

⑦用：进用。

【译文】

臣听说关于朋党的言论，自古就有。只是希望君主能分清他们是君子还是小人。一般来说，君子与君子因志趣一致结为朋党，而小人则因利益相一致结为朋党，这是很自然的规律。但是臣以为小人并无朋党，只有君子才有。这是什么原因呢？小人所爱所贪的是薪俸钱财。当他们利益一致的时候，短暂地虚假地相勾结成为朋党；等到他们为利益而争先恐后，或者利益已尽而交情淡漠之时，就会反过来互相残害，即便是兄弟亲戚，也不会互相保护。所以说小人并无朋党，他们暂时结为朋党，也是虚假的。君子就不是这样：他们坚持道义、履行忠信、珍惜名节，提高自身修养，志趣一致并能相互补益。用这些来服务于国家，观点相同就能共同前进。始终如一，这就是君子的朋党啊。所以做君主的，只要能斥退小人的假朋党，进用君子的真朋党，天下就可以安定了。

点评

一事当前，朋党只揣摩利益攸关者的心思意图，庇护自己的朋党；甚至歪曲事实，践踏法律，导致君王空有万民之主的名义，而无生杀予夺之实。朋党小则与君主分庭抗礼，大则成为诸侯，变为独立王国。一旦这种尾大不掉的局面形成，便会臣弑其君，国破身死。所以韩非子主张做君主的，要像经常劈削树木一样整治臣下，探测臣下的阴谋，剥夺臣下的威势，勿使朋党的势力充塞官府，威逼君位。但是，欧阳修却看到了事物的另一面。饕餮（tāo tiè）、浑沌、穷奇和梼杌（táo wù）可以结党为“四大恶人”，作恶多端；才德之士伯奋、仲堪、叔献、季仲、伯虎、仲熊、叔豹、季狸也可以结为朋党“八元”，造福民众。所以做君主的，只要能斥退小人的假朋党，进用君子的真朋党，天下就可以安定了。文章语言流畅宛如行云流水，说理透彻令人醍醐灌顶，对当下仍有借鉴意义和警醒作用。

三　除五蠹民　养耿介士

夫明王治国之政，使其商工游食之民少而名卑，以寡趣本务而趋末作[①]。今世近习之请行[②]，则官爵可买；官爵可买，则商工不卑也矣。奸财货贾得用于市[③]，则商人不少矣。聚敛倍农而致尊过耕战之士[④]，则耿介之士寡而商贾之民多矣[⑤]。是故乱国之俗：其学者，则称先王之道以籍仁义[⑥]，盛容服而饰辩说[⑦]，以疑当世之法[⑧]，而贰人主之心[⑨]。其言谈者，为设诈称[⑩]，借于外力，

以成其私，而遗社稷之利⑪。其带剑者，聚徒属⑫，立节操，以显其名而犯五官之禁⑬。其患御者⑭，积于私门，尽货赂，而用重人之谒⑮，退汗马之劳⑯。其商工之民，修治苦窳之器⑰，聚弗靡之财⑱，蓄积待时，而侔农夫之利⑲。此五者⑳，邦之蠹也。人主不除此五蠹之民，不养耿介之士，则海内虽有破亡之国，削灭之朝，亦勿怪矣。

（《五蠹》）

【注释】

①以：因为。　趣：通“趋”。　本务：指农耕。　末作：指商业和手工业。

②近习：指君主左右的亲信。

③奸财货贾：指用非法之财做买卖。

④聚敛：搜括，指奸商牟取暴利。　致尊：获得别人的尊重。

⑤耿介之士：光明正直的人。

⑥以：而，与。　籍：通“藉”，依托，凭借。

⑦容服：仪表和服饰。

⑧疑：扰乱。

⑨贰：惑乱。

⑩为设诈称：说谎造假，故弄玄虚。为，通“伪”，虚假。

⑪遗：丢掉，抛弃。

⑫徒属：党徒。

⑬五官之禁：泛指国家的禁令。五官，司徒、司马、司空、司士、司寇，当时分掌国家各种权力的官。

⑭患御者：担心征发他们去打仗的人，即逃避兵役的人。

⑮重人：掌握权势的人。　谒（yè）：请托。

⑯退：逃避。
⑰苦窳（yǔ）：粗劣。
⑱弗靡：奢侈。弗，通“费”。
⑲侔：通“牟”，谋取。
⑳五者：指学者、言谈者、带剑者、患御者、商工之民等五种人。

【译文】

英明君主治理国家的政策，总是使工商业者和游手好闲的人尽量减少，而且使他们名位卑贱，因为从事农耕的人太少而经营工商业的太多了。现在社会上向君主亲近的侍臣请托的风气很盛行，这样官爵就可以买到；官爵可以买到，那么工商业者的地位就不卑贱了。投机倒把的商业活动可以在市场上通行，那么商人就不会少了。奸商搜括到的财富超过农民收入的几倍，获得的尊位又超过从事耕战的人，这样光明正直的人就会减少，而从事工商业的人就会增多。所以造成国家混乱的社会风气是：那些学者，称颂先王之道，借重仁义进行说教，讲究仪表服饰而又修饰言辞，用来扰乱当代的法制，惑乱君主实行法治的决心。那些纵横家，虚构事实说谎弄假，借助于别国的力量，来谋求个人的私利，却把国家的利益抛在一边。那些游侠刺客，聚集党徒，标榜气节，用来显扬他们的名声，而违犯国家的禁令。那些逃避兵役的人，聚集在权臣贵族门下，大行贿赂，依仗权贵的请托，逃避从军作战的劳苦。那些工商业者，粗制滥造器物，聚集奢侈财物，囤积起来待机出售，牟夺农民的利益。这五种人，是国家的蛀虫。君主如果不除掉这五种像蛀虫一样的人，不收养光明正大的人，那么天下即使出现残破覆亡的国家，地削国灭的朝廷，也是不足为怪的了。

扩展阅读

古者四民异业而同道[①]，其尽心焉[②]，一也。士以修治[③]，农以具养[④]，工以利器[⑤]，商以通货[⑥]，各就其资之所近，力之所及者而业焉，以求尽其心。其归要在于有益于生人之道[⑦]，则一而已。士农以其尽心于修治具养者，而利器通货，犹其士与农也；工商以其尽心于利器通货者，而修治具养，犹其工与商也。故曰四民异业而同道。

（《王阳明全集·节庵方公墓表》）

【注释】

①四民：是古代中国对平民职业的基本分工，指士（学者）、农、工、商，但其次序历代有所不同。　业：职业。

②尽心：竭尽心力，力求最好。

③修治：修齐治平。指修身、齐家、治国、平天下。“修”，指修身；“齐”，指齐家；“治”，治国；“平”，平天下。儒家以“修身”为中心。

④农以具养：农业要提供基本的生活资料。

⑤工以利器：工匠要提供精良的工具。

⑥通货：交换商品和货物。

⑦生人之道：养育人的途径，这里指经营家业，谋生计。

【译文】

古代的士农工商虽然从事的职业不同，但是做事的内在道理和行为原则是一样的，那就是竭尽心力，力求最好。士人讲究修身、齐家、治国、平天下，强调个人道德修养与治国、平天下的一致性。农民要提供基本的生活资料。工匠要提供精良的工具。商人要致力于货物的流通。他们都是凭借最便利的条件，从事自己力所能及的事业。各种职业都有利于提高人们的生活，这就需要人们尽心地做好自己的事情。读书人和农民竭尽心力做好学术研究和生产劳动，在这一点上，从事发明创造和商品贸易的工商和他们是一样的竭尽心力；同样，工人和商人应该全力以赴地做好发明创造和商品贸易，在这一点上，从事于学术研究和劳动耕作的士农和他们是一样的竭尽心力。因此，职业分工虽有不同，但都要尽心做好本职工作，内在道理都是一样的啊！

点评

在这篇“议论奇，辩难透”的韩文之隽里，韩非指出儒者、纵横家、游侠、门客、工商之民这五种人是当时社会上一个寄生的、畸形发展的阶层，对于法家提倡的耕战政策，起着干扰破坏作用：“出兵则军败，退守则城拔”“蓄积待时，而侔农夫之利”。对社会秩序而言，他们是绊脚石，是干扰因素，公然“犯五官之禁”，违法乱纪，有害于加强君主专制。所以说，五蠹兴盛，国家衰败。五蠹势在必除。重农抑商政策正是基于这种认识出台的。事实证明，除五蠹的主张收效并不大。法律重农民，农民越贫穷；法律贱商人，商人越富贵，甚至形成了官僚、地主、商人三位一体的新兴地主阶级集团，抑商政策已经软弱无力。这不能不考虑去除五蠹中某些主张的局限性及可行性。此外，把文学之士列为蛀虫，不免有派别门户之见；“以法为教”“以吏为师”也不利于百家争鸣，因此，难以推广实行。特别是把讲仁义的学者列为五蠹之民，更带有歧视知识分子的学派偏见和十足的霸道行为，尤为不可取。中国古代的思想传统以农为本，以工商为末，倒也符合自给自足的小农经济的传统模式，但是到了封建社会末期的明清阶段，随着商业活动的频仍，重商思想抬头，人们已经很理性地看待各个职业对于社会生活的重要性。在这篇《墓表》中，王阳明认为各行各业都是一种治生的手段，并把传统观念中一直视作贱业的工商摆到与士同“道”的高度，把工商放到与士农平等的地位，是一种进步的历史观。

四　官贤量能　赋禄称功

明君之于内也，娱其色而不行其谒[①]，不使私请。其于左右也，使其身必责其言[②]，不使益辞[③]。其于父兄大臣也，听其言也必使以罚任于后[④]，不令妄举。其于观乐玩好也[⑤]，必令之有所出[⑥]，不使擅进擅退，不使群臣虞其意[⑦]。其于德施也，纵禁财[⑧]，发坟仓[⑨]，利于民者，必出于君，不使人臣私其德[⑩]。其于说议也，称誉者所善[⑪]，毁疵者所恶[⑫]，必实其能，察其过，不使群臣相为语[⑬]。其于勇力之士也，军旅之功无逾赏，邑斗之勇无赦罪[⑭]，不使群臣行私财[⑮]。其于诸侯之求索也，法则听之，不法则距之[⑯]。所谓亡君者，非莫有其国也，而有之者，皆非已有也。令臣以外为制于内，则是君人者亡也。听大国为救亡也，而亡亟于不听[⑰]，故不听。群臣知不听，则不外诸侯；诸侯知不听，则不受臣之诬其君矣[⑱]。

明主之为官职爵禄也，所以进贤材劝有功也。故曰：贤材者，处厚禄，任大官；功大者，有尊爵，受重赏。官贤者量其能[⑲]，赋禄者称其功[⑳]。是以贤者不诬能以事其主，有功者乐进其业，故事成功立。今而不然，不课贤不肖[21]，不论有功劳，用诸侯之重[22]，听左右之谒，父兄大臣上请爵禄于上，而下卖之以收财利及以树私党。故财利多者买官以为贵，有左右之交者请谒以成重[23]。功劳之臣不论，官职之迁失谬。是以吏偷官而外交[24]，弃事而亲财。是以贤者懈怠而不劝，有功者隳而简其业[25]，此亡国之风也。

（《八奸》）

【注释】

①娱：娱乐，引申为享受。　谒（yè）：禀告，陈述。

②责：责求，引申为考察。

③益：夸大。

④任：担保。

⑤观乐：供君主观赏娱乐的东西。

⑥令：法令。　出：出处，根据。

⑦虞：猜度。

⑧纵：放出，发放。　禁财：君主府库中的财物。

⑨发：发放，打开。　坟仓：大的仓库，指国家粮仓。

⑩私其德：恩德归于自己。

⑪称誉者：赞美别人的人。

⑫毁疵者：诽谤别人的人。

⑬相为语：互相吹捧或诽谤。

⑭邑斗：乡里间的私斗。

⑮行私财：利用个人的财富收买有勇力的人。

⑯距：通“拒”。

⑰亟（jí）：急，快。

⑱诬：欺骗。

⑲官：任命。

⑳赋：授予。　称其功：衡量他的功劳。

㉑课：考核。　不肖：德才不好。

㉒重：指同诸侯勾结被诸侯看重的人。

㉓重：权势。

㉔偷：苟且，惰慢。

㉕隳（huī）：毁坏，堕落。　简：轻慢，不认真。

【译文】

明君对于宫内的夫人美女，欣赏她们的美色而不理睬她们的禀告，不准因私请求。对于左右近侍，使用他们，一定要严察他们的言论，不准夸大其辞。对于父兄和大臣，听取他们的意见，但一定要使他们用受罚担保后果，不许妄荐。对于观赏玩乐的东西，一定要在法令上有依据，不准群臣擅自进献或裁减，不让群臣猜度到君主的心意。明君对恩惠的施行，凡是发放国库的财物和官仓的粮食，有利于民众的事，一定要用君主名义，不要让臣下将恩德归于自己。对于议论，称誉者所赞美的人，毁疵者所憎恶的人，一定要去核实他们的才能，查明他们的过失，不让群臣相互吹捧或诽谤。对于有勇力的人，作战立功不破格滥赏，私斗犯法不赦免罪过，不让群臣用个人财富收买人。明君对于其他诸侯国的要求，合法的就听从，不合法的就拒绝。所谓亡国之君，并非没了这个国家，而是这个国家的存在，全然不归自己所有，让臣下用外力控制国内，就是统治者丧失自己的国家了。为了挽救国家危亡而听从大国，这比不听从亡得更快，所以不去听从。群臣知道君主不听从，就不去同国外诸侯勾结；国外诸侯知道君主不听从，也就不接受臣下诈骗自己君主的胡说了。

明君设置官职爵禄，是用来晋升官员和鼓励功臣的。所以说，有贤才的人受厚禄，任大官；功劳大的人有尊爵，受重赏。任命贤才根据他的才能，授予俸禄根据他的功劳。因此，有才能的人不隐藏自己的才能来为君主效力，有功劳的人乐于进献功业，所以事情能办成，功业能建立。现在却不是这样，不考核贤与不肖，不论有无功劳，任用被他国诸侯看重的人，听从左右近侍的请求，父兄大臣对上向君主请求爵禄，对下又出卖它来收取财利和培植私党。所以财利多的就买官而成为尊贵的人，同君主近侍有交往的靠托人情而成为有权势的人。劳苦功高的臣子得不到应有的评价，官职的变动颠倒错乱。因此官吏玩忽职守而四处交往，抛弃事务而贪图财利。因此有才能的人懈怠而不求上进，有功劳的人堕落而轻慢职务，这是亡国的风气啊！

扩展阅读

请问为政？曰：贤能不待次而举，罢不能不待须而废[①]，元恶不待教而诛，中庸民不待政而化。分未定也，则有昭缪[②]。虽王公士大夫之子孙也，不能属于礼义[③]，则归之庶人。虽庶人之子孙也，积文学，正身行，能属于礼义，则归之卿相士大夫。故奸言、奸说、奸事、奸能、遁逃反侧之民[④]，职而教之，须而待之[⑤]；勉之以庆赏，惩之以刑罚；安职则畜[⑥]，不安职则弃。五疾[⑦]，上收而养之，材而事之，官施而衣食之[⑧]，兼覆无遗。才行反时者，死无赦。夫是之谓天德[⑨]，王者之政也。

（《荀子·富国》）

【注释】

①罢（pí）：通“疲”，疲沓，没有德才。　须：须臾，一会儿。

②缪：通“穆”。昭穆：据古代宗法制度，宗庙或墓地的辈次排列，以始祖居中，二世、四世、六世位于始祖的左方，称昭；三世、五世、七世位于右方，称穆；以此来分

别上下辈份。

③属（zhǔ）：系结，归附。

④反侧：辗转，不安，指违背法度、不安于位。

⑤须：等待。

⑥畜：养，任用。君主任用臣子，便用俸禄来养活臣子，所以“畜”即指任用人。

⑦五疾：五种残疾，即哑、聋、瘸、骨折、身材异常矮小。

⑧官：职事。

⑨天德：合乎自然规律的德行。改革旧质叫做变，引诱向善叫做化，这种除旧布新的德行交相为用，就像天道阴阳更替一般，所以称为“天德”。

【译文】

请问怎样从事政治？回答说：对于有德才的人，不依级别次序而破格提拔；对于无德无能的人，不等片刻而立即罢免；对于元凶首恶，不需教育而马上杀掉；对于普通民众，不靠行政手段而进行教育感化。在名分还没有确定的时候，就应该像宗庙有昭穆的分别一样来排列臣民的等级次序。即使是帝王公侯士大夫的子孙，如果不能顺从礼义，就把他们归入平民。即使是平民的子孙，如果积累了古代文献经典方面的知识，端正了身心行为，能顺从礼义，就把他们归入卿相士大夫。对于那些散布邪恶的言论、鼓吹邪恶的学说、干邪恶的事情、有邪恶的才能、逃亡流窜、不守本分的人，就安排强制性的工作并教育他们，静待他们转变；用奖赏去激励他们、用刑罚去惩处他们；安心工作的就留用，不安心工作的就流放出去。对患有五种残疾的人，君主收留并养活他们，根据才能使用他们，根据职事安排供给他们吃穿，全部加以照顾而无一遗漏。对那些用才能和行为来反对现行制度的人，坚决处死，决不赦免。这叫做合乎自然规律的天一般的德行，是成就王业的圣王所采取的政治措施。

点评

君主不以法来选拔、考核官吏，为近臣、权臣提供了可乘之机，致使不法行为愈演愈烈，君主对此却放任自流，任其泛滥。最终必然导致权臣势重，君主大权旁落，国破身亡。而如果国君遵循没有功劳的不赏赐、没有罪过的不惩罚的原则，朝中便没有侥幸的职位可以无功获得，人民便没有侥幸可以获得生存。崇尚贤能并使用有才能的人，而所给的等级职位没有遗漏；分析人们的愿望而禁止勇武，用刑处罚要恰当。老百姓都清楚地知道，在家里做善事而可以在朝廷上获得奖赏，在暗地里做坏事也会在光天化日之下受刑罚。这才是王者的理论啊。

五　防民之口　甚于防川

鲁哀公问于孔子曰[①]：“鄙谚曰[②]：‘莫众而迷。’今寡人举事[③]，与群臣虑之，而国愈乱，其故何也？”孔子对曰：“明主之问臣，一人知之，一人不知也；如是者，明主在上，群臣直议于下。今群臣无不一辞同轨乎季孙者[④]，举鲁国尽化为一[⑤]，君虽问境内之人，犹不免于乱也[⑥]。”

（《内储说上》）

【注释】

①鲁哀公：名蒋，春秋末期鲁国君主，公元前 494—前 467 年在位。

②鄙谚：民间谚语。

③举：举办。

④一辞同轨：同一个口径说话，一个模子办事。　乎：于。　季孙：指季康子，名肥，春秋末期鲁国执政的卿。

⑤举：全。　鲁：诸侯国名，范围包括今山东南部和河南、江苏等省部分地区。　尽化为一：指全国人同季孙氏一鼻孔出气。

⑥犹：还，乃。

【译文】

鲁哀公问孔子说：“民间俗语说：‘没有众人合计就会迷

乱。’现在我办事和群臣一起谋划，但国家却越来越乱了，原因是什么呢？”孔子回答说：“明君有事问臣下，有人知道，有人不知道；像这样的话，明君在上，群臣就可以在下面直率地议论。现在群臣没有不和季孙统一口径的，全鲁国都变成了一个人，您即使问遍境内百姓，仍然不免于乱。”

扩展阅读

厉王虐[①]，国人谤王[②]。邵公告曰[③]：“民不堪命矣[④]！”王怒，得卫巫[⑤]，使监谤者。以告，则杀之。国人莫敢言，道路以目。王喜，告邵公曰：“吾能弭谤矣[⑥]，乃不敢言。”邵公曰：“是障之也[⑦]。防民之口，甚于防川。川壅而溃，伤人必多，民亦如之。是故为川者决之使导[⑧]，为民者宣之使言[⑨]。故天子听政[⑩]，使公卿至于列士献诗[⑪]，瞽献曲[⑫]，史献书[⑬]，师箴[⑭]，瞍赋[⑮]，矇诵[⑯]，百工谏[⑰]，庶人传语[⑱]，近臣尽规，亲戚补察[⑲]，瞽、史教诲，耆、艾修之[⑳]，而后王斟酌焉，是以事行而不悖[㉑]。民之有口，犹土之有山川也，财用于是乎出；犹其原隰之有衍沃也[㉒]，衣食于是乎生。口之宣言也，善败于是乎兴[㉓]。行善而备败，其所以阜财用衣食者也[㉔]。夫民虑之于心而宣之于口，成而行之，胡可壅也？若壅其口，其与能几何？”王不听，于是国人莫敢出言。三年，乃流王于彘[㉕]。

（《国语·周语上》）

【注释】

①厉王：周夷王之子，名胡，在位三十七年（前878—前842）。

②国人：居住在国都里的人，这里指平民百姓。

③邵公：名虎，周王朝卿士，谥穆公。

④命：指周厉王苛虐的政令。

⑤卫巫：卫国的巫者。巫，以装神弄鬼为职业的人。

⑥弭（mǐ）：消除。

⑦障：堵塞。

⑧为川者：治水的人。

⑨宣：疏导。

⑩天子：古代帝王的称谓。

⑪公卿：指执政大臣。古代有三公九卿之称。　列士：古代官员有上士、中士、下士之分，统称列士。位在大夫之下。

⑫瞽（gǔ）：盲人。因古代乐官多由盲人担任，故也称乐官为瞽。

⑬史：史官。　书：指史籍。

⑭师：少师，乐官。　箴：一种具有规戒性的文辞。

⑮瞍（sǒu）：没有眼珠的盲人。　赋：有节奏地诵读。

⑯矇（méng）：有眼珠的盲人。瞍矇均指乐师。

⑰百工：周朝职官名。指掌管营建制造事务的官员。

⑱庶人：平民。

⑲亲戚：指君王的内外亲属。

⑳耆（qí）艾：年六十叫耆，年五十叫艾。这里指年长的师傅。　修：整理修饰。

㉑悖（bèi）：违背道理。

㉒原隰（xí）：平原和低湿之地。　衍沃：指平坦肥沃的良田。

㉓兴：兴起、表露之意。

㉔阜：丰盛。

㉕流：放逐。　彘（zhì）：地名，在今山西霍县东北。

【译文】

周厉王残暴无道，老百姓纷纷责骂他。邵穆公对厉王说："老百姓已经难以忍受暴虐的政令啦！"厉王听了勃然大怒，找到一个卫国的巫者，派他暗中监视敢于指责自己的人，一经巫者告密，就横加杀戮。于是人们都不敢随便说话，在路上相遇，也只能以眼神表达内心的愤恨。周厉王颇为得意，告诉邵公说："我能制止毁谤啦，老百姓再也不敢吭声了。"邵公回答说："你这样做只能堵住人们的嘴。可是防范老百姓的嘴，比防备河水泛滥更不易。河道因堵塞而造成决口，就会伤害很多人。倘使堵住老百姓的口，后果也将如此。因而治水者只能排除壅塞而加以疏通，治民者只能善于开导而让人说话。所以君王处理政事，让三公九卿以至各级官吏进献讽喻诗，乐师进献民间乐曲，史官进献有借鉴意义的史籍，少师诵读箴言，盲人吟咏讽谏诗篇，掌管营建事务的百工纷纷进谏，平民则将自己的意见转达给君王，近侍之臣尽规劝之责，君王的内亲外戚都能补其过失，察其是非，乐师和史官以歌曲、史籍加以谆谆教导，年长的师傅再进一步修饰整理，然后由君王斟酌取舍，付之实施。这样，国家的政事得以实行而不背理。老百姓有口，就像大地有高山河流一样，社会的物资财富全靠它出产；又像高原和低地都有平坦肥沃的良田一样，人类的衣食物品全靠它产生。人们用嘴发表议论，政事的成败得失就能表露出来。人们以为好的就尽力实行，以为失误的就设法预防，这样社会的衣食财富就会日益丰富，不断增加。人们心中所想通过嘴巴表达出来，朝廷以为行得通的就照着实行，怎么可以堵呢？如果硬是堵住老百姓的嘴，那又能堵多久呢？"周厉王不听，于是老百姓再也不敢公开发表言论指斥他。过了三年，人们终于把这个暴君放逐到彘地去了。

点评

举国人异口同声，这无疑是个怪现象。要看人脸色说话，不能直申己见，这说明不是权臣当道，就是暴君专制，钳民之口。

国君连一句真话都听不到，到处都是阿谀奉承之虚假言论，国君的权势必定是短命的，周厉王被逐就是很好的例证。周厉王执政时，由于残暴无道，遭到人们的谴责，然而他不思悔改，不是改弦易辙，而是采取高压手段堵塞舆论的批评。结果，人民在忍无可忍的情况下举起反叛的旗帜，把他从国君的宝座上拉了下来。可见，如果统治者滥施暴政，且又堵塞言路，终将自食其果。

六　人臣八奸　世主壅劫

凡人臣之所道成奸者有八术[1]：一曰同床。何谓同床？曰：贵夫人，爱孺子[2]，便僻好色[3]，此人主之所惑也。托于燕处之虞[4]，乘醉饱之时，而求其所欲，此必听之术也。为人臣者内事之以金玉，使惑其主，此之谓"同床"。二曰在旁。何谓在旁？曰：优笑侏儒[5]，左右近习[6]，此人主未命而唯唯，未使而诺诺[7]，先意承旨，观貌察色以先主心者也。此皆俱进俱退，皆应皆对[8]，一辞同轨以移主心者也。为人臣者内事之以金玉玩好，外为之行不法，使之化其主，此之谓"在旁"。三曰父兄。何谓父兄？曰：侧室公子[9]，人主之所亲爱也；大臣廷吏，人主之所与度计也。此皆尽力毕议[10]，人主之所必听也。为人臣者事公子侧室以音声子女，收大臣廷吏以辞言，处约言事[11]，事成则进爵益禄，以劝其心[12]，使犯其主，此之谓"父兄"。四曰养殃。何谓养殃？曰：人主乐美宫室台池，好饰子女狗马以娱其心，此人主之殃也。为人臣者尽民力以美宫室台池，重赋敛以饰子女狗马，以娱其主而乱其心，从其所欲，而树私利其间，此谓“养殃”。五曰民萌[13]。何谓民萌？曰：为人臣者散公财以说民人[14]，行小惠以取百姓，使朝廷市井皆劝权誉己，以塞其主而成其所欲，此之谓“民萌”。六曰流行。何谓流行？曰：人主者，固壅其言谈[15]，希于听论议，易移以辩说。为人臣者求诸侯之辩士，养国中之能说者，使之以语其私。为巧文之言，流行之辞[16]，示之以利势，惧之以患害，施属虚辞以坏其主[17]，此之谓“流行”。七曰威强。何谓威强？曰：君人者，以群臣百姓为威强者也。群臣百姓之所善，则君善之；非群臣百姓之所善，则君不善之。为人臣者，聚带剑之客，养必死之士[18]，以彰其威，明为己者必利，不为己者必死，以恐其群臣百姓而行其私，此之谓“威强”。八曰四方。何谓四方？曰：君人者，国小，则事大国；兵弱，则畏强兵。大国之所索，小国必听；强兵之所加，弱兵必服。为人臣者，重赋敛，尽府库，虚其国以事大国，而用其威求诱其君；甚者举兵以聚边境而制敛于内[19]，薄者数内大使以震其君[20]，使之恐惧，此之谓“四方”。凡此八者，人臣之所以道成奸，世主所以壅劫[21]，失其所有也，不可不察焉。

（《八奸》）

【注释】

①道：由，通过。　术：手段，方法。

②孺子：古代太子及高官的妾的名目。

③便僻：(pián pì)：善于逢迎谄媚。

④燕处：安居。这里指君王退朝以后的后庭生活。燕，通“安”，为安逸、安乐之意。 虞：欢娱之意。

⑤优笑：古代以歌舞、杂戏、诙谐供统治者取乐的艺人。

⑥近习：亲信和贴身的侍从。

⑦唯唯、诺诺：“唯”和“诺”皆为恭顺的应答之声。

⑧皆应皆对：指同一个声调。

⑨侧室公子：君主嫡长子以外的儿子，泛指君主的伯叔或兄弟。

⑩尽力毕议：竭尽全力参与计议政事。

⑪约：紧要，关键。

⑫劝：鼓励。

⑬民萌：民众。萌，通“氓”，民。

⑭说：通“悦”，取悦，讨好。

⑮固壅：蔽塞。

⑯流行之辞：流利圆滑的话。

⑰施属：编造。

⑱必死之士：亡命之徒。

⑲制敛：挟制。

⑳内：通“纳”，引进。

㉑世主：当代的君主。 壅劫：被蒙蔽挟制。

【译文】

臣下得以实现奸谋的途径有八种手段：一是同床。什么叫同床？即尊贵夫人，受宠宫妾，谄媚便巧，姿色美丽，正是君主所迷恋的。趁着君主晏居快乐、酒醉饭饱的机会，来央求她们想要得到的东西，这是让君主一定听从的手段。做臣子的通过内线用金玉财宝贿赂她们，叫她们蛊惑君主，这就叫“同床”。二是在旁。什么叫在旁？即倡优侏儒，亲信侍从。这些人，君主没下令就应承，没支使就应承，事先领会君主的意图，察颜观色来预先摸到君主的心意。这些人都是一致行动、一个腔调，通过统一口径和行动来改变君主心意的人。做臣子的通过内线用金玉珍宝贿赂他们，在外帮他们干不法之事，来影响他们的君主，这就叫“在旁”。三是父兄。什么叫父兄？即叔伯、兄弟，是君主亲近爱护的人；成为大臣廷吏的公子们，是君主咨议谋划的人。这些人都竭尽全力参与议政，是君主必然听取的。臣子们用音乐倩女来侍奉君主的叔伯、兄弟，又用花言巧语来笼络大臣廷吏，在关键时刻进言，事成之后就进爵加禄，这样来怂恿他们，使他们干扰君主，这就叫“父兄”。四是养殃。什么叫养殃？即君主喜欢修饰宫室台池，喜欢打扮倩女犬马来赏心悦目，这是君主的灾殃。做臣子的用尽民力来修饰宫室台池，加重赋敛来打扮倩女犬马，这样来娱乐君主而扰乱他的心事，顺从他的欲望，而在其中牟取私利，这就叫“养殃”。五是民萌。什么叫民萌？即做臣子的散发公家财物来取悦民众，行小恩小惠来赢得百姓，让朝廷民间都鼓动起来称颂自己，这样来蒙蔽君主而达到他的欲望，这就叫“民萌”。六是流行。什么叫流行？即作为君主，见闻闭塞，不与人交谈，很少听到臣下议论，容易被花言巧语打动。做臣子的寻求国外善辩的人，供养国内能言的人，让他们来为自己的私利进言。用华美的言语、流利的辞句，讲述有利的形势来诱导他，虚构祸害来恐吓他，编造谣言来损害君主，这就叫“流行”。七是威强。什么叫威强？即君主的统治靠群臣百姓来形成强大威势。群臣百姓喜欢的，君主就喜欢；不是群臣百姓喜欢的，君主就不喜欢。做臣子的网罗带剑的侠客，供养亡命之徒，用来耀武扬威，倡言顺从他的一定得利，不顺从他的一定要死，这样来恐吓群臣百姓从而实现个人意图，这就叫“威强”。八是四方。什么叫四方？即做国君的，国小就侍奉大国，兵弱就害怕强兵。大国勒索的，小国一定听从；强兵压境的，弱兵一定服从。做臣子的，加重赋敛，耗尽钱粮，削弱自己国家去侍奉大国，求助大国威势来诱迫自己的君主；严重的，招引大国军队压境来挟制国内，轻些的，屡屡引进大国使者来震慑君主，使他害怕，这就叫“四方”。所有这八种手段，是臣子实现奸谋的途径，是当代君主受到蒙蔽挟制以至失掉权势的原因，是不可不明察的。

扩展阅读

种曰[①]：“一曰尊天事鬼以求其福；二曰重财币以遗其君[②]，多货贿以喜其臣；三曰贵籴粟槁以虚其国，利所欲以疲其民；四曰遗美女以惑其心而乱其谋；五曰遗之巧工良材，使之起宫室以尽其财；六曰遗之谀臣，使之易伐；七曰强其谏臣[③]，使之自杀；八曰君王国富而备利器；九曰利甲兵以承其弊[④]。凡此九术，君王闭口无传，守之以神，取天下不难，而况于吴乎？”

（《吴越春秋·越王阴谋外篇》）

【注释】

①种：文种。也作文仲，字会、少禽，一作子禽，楚人，后定居越国。春秋末期著名的谋略家。越王勾践的谋臣，和范蠡一起为勾践最终打败吴王夫差立下赫赫功劳。灭吴后，自觉功高，不听从范蠡劝告继续留下为臣，却为勾践所不容，受赐剑自刎而死。

②遗（wèi）：给予，馈赠。

③强：离间。

④甲兵：铠甲和兵器，泛指武器。

【译文】

大夫文种说：“第一是尊天地，事鬼神，令越王有必胜之心。第二是赠送吴王大量财币，既使他习于奢侈，又去其防越之意。第三是先向吴国借粮，再以蒸过的大谷归还，吴王见谷大，发给农民当谷种，结果稻不生长，吴国大饥。第四是赠送美女西施和郑旦，使吴王迷恋美色，不理政事。第五是赠送巧匠，引诱吴王大起宫室高台，耗其财力民力。第六是贿赂吴王左右的奸臣，使之败坏朝政。第七是离间吴王的忠臣，终于迫得伍子胥自杀。第八是积蓄粮草，充实国家财力。第九是铸造武器，训练士卒，待机攻吴。这九种计谋国君你秘而不宣，坚守以之为秘笈，即使是攻取天下也不是难事，何况用来对付吴国呢？”

点 评

术，君主用之，便会国治主尊；权臣用之，就会以道成奸；敌人用之，便会国破身亡。“八奸”的形成、“九术”的提出，足以警戒君主，使他们深知察奸的厉害，事关存亡，必须慎之又慎。

七　妇人之仁　焉成霸主

宋襄公与楚人战于涿谷上[①]。宋人既成列矣[②]，楚人未及济[③]。右司马购强趋而谏曰[④]："楚人众而宋人寡，请使楚人半涉未成列而击之[⑤]，必败。"襄公曰："寡人闻君子曰：'不重伤[⑥]，不擒二毛[⑦]，不推人于险，不迫人于阨[⑧]，不鼓不成列[⑨]。'今楚未济而击之，害义。请使楚人毕涉成阵而后鼓士进之。"右司马曰："君不爱宋民，腹心不完[⑩]，特为义耳[⑪]。"公曰："不反列[⑫]，且行法。"右司马反列，楚人已成列撰阵矣[⑬]，公乃鼓之。宋人大败，公伤股，三日而死。此乃慕自亲仁义之祸[⑭]。夫必恃人主之自躬亲而后民听从[⑮]，

是则将令人主耕以为食，服战雁行也民乃肯耕战⑯，则人主不泰危乎⑰？而人臣不泰安乎？

（《外储说左上》）

【注释】

①宋襄公：名兹父，春秋时宋国君主。　战于涿谷：当是《左传》上记载的发生在公元前638年的泓水之战。泓水位于今河南柘城北，涿谷当是泓水附近的一个地方。

②成列：阵势。

③未及济：没有完全过河。济，渡，过河。

④右司马：古代官名，掌管军政和军事赋税。　购强：人名，当是《左传》中记载的公孙固的字。　趋：快步走。

⑤半涉：过河过了一半。涉，渡水。

⑥重：重复。

⑦二毛：两种颜色的毛发，指头发、胡子花白的人。

⑧阨（è）：通“厄”，困苦。

⑨鼓：战鼓，古时作战进攻的信号。

⑩腹心：比喻国家的根本。　完：保全。

⑪特：只是。

⑫反列：返回阵列。

⑬撰（zhuàn）：具，构成。

⑭自亲仁义：亲自实行仁义。

⑮恃：仰仗，依靠。

⑯服战：从事打仗。服，从事。

⑰泰：通“太”。

【译文】

宋襄公和楚人在涿谷上作战，宋人已经摆好了阵势，楚人还没有完全过河。宋右司马购强快步上前进言道：“敌众我寡，请在楚人半渡、尚未摆好阵势时出击，一定能把他们打垮。”宋襄公说：“我听君子说过：‘不要伤害已经受了伤的人，不要俘获年事已高的人，不要在别人危险时再推一把，不要在别人困迫时再逼他，不要进攻没有摆好阵势的敌军。’现在楚军没有完全过河就去攻打，是有伤仁义的。还是等到楚人全部过了河，摆好阵势，然后再击鼓让战士们进攻吧。”右司马说：“君王不爱惜宋国民众，不保全国家根本，只不过是为了仁义的虚名罢了。”襄公说：“不快回到队伍去，将按军法处置！”右司马回到队伍时，楚人已经排好行列、摆好阵势了，襄公这才击鼓进攻。宋人大败，宋襄公伤及大腿，三天后就死了。这就是追求亲行仁义带来的祸害。一定要依靠君主亲自去干，然后民众才听从，这就是要君主自己种田吃饭，自己排在队伍里打仗，然后民众才肯从事耕战。这样一来，君主不是太危险了吗？而臣子不是太安逸了吗？

扩展阅读

太史公曰：孔子称“微子去之[①]，箕子为之奴[②]，比干谏而死[③]，殷有三仁焉[④]”。《春秋》讥宋之乱自宣公废太子而立弟[⑤]，国以不宁者十世。襄公之时，修行仁义，欲为盟主。其大夫正考父美之，故追道契、汤、高宗[⑥]，殷所以兴，作商颂[⑦]。襄公既败於泓，而君子或以为多[⑧]，伤中国阙礼义[⑨]，褒之也[⑩]，宋襄之有礼让也。

（《史记·宋微子世家第八》）

【注释】

①微子：宋微子，子姓，名启，世称微子、微子启（“微”是国号，“子”是爵位）。微子是商王帝乙的长子，纣王的

庶兄，宋国开国远祖。

②箕子：是文丁的儿子，帝乙的弟弟，纣王的叔父，官太师，封于箕（今山西太谷、榆社一带），名胥余，作为中华第一哲人，在商周政权交替与历史大动荡的时代中，因其道之不得行，其志之不得遂，“违衰殷之运，走之朝鲜”，建立东方君子国。

③比干：子姓，沫邑人（今河南卫辉北）。为殷商贵族商王太丁之子，名干。中国古代著名忠臣，被誉为“亘古第一忠臣”。

④三仁：三个仁德之人，谓微子、箕子、比干。

⑤《春秋》：是指《春秋公羊传》。

⑥契（xiè）：殷人始祖，佐禹治水，舜封于商。汤：商开国之王，契之后第十三代孙。高宗：即武丁，商朝第十一代第二十二王，相传他少时生活在民间，即位后，任用傅说、甘盘等贤臣，多次征伐不服从的部族，复兴商朝，在位五十九年。

⑦《商颂》：今《诗经》收《商颂》五篇，为《那》，祀成汤；《烈祖》，祀中宗；《玄鸟》，祀高宗；《长发》，祭天；《殷武》，祀高宗。据今人研究，这些作品是从正考父至襄公时宋人追述颂美商代先王的作品，非一时所作。

⑧多：赞美。

⑨中国：华夏诸侯。阙：与“缺”通。缺少。

⑩褒：称赞，赞扬。

【译文】

太史公说：孔子说过“微子离开殷纣王，箕子被降为奴隶，比干规劝而被杀死，殷朝有三位仁人呀”！《春秋公羊传》批评宋国的动乱是从宣公废黜太子而让自己的弟弟即位开始，国家不得安宁达十代之久。襄公修行仁义，想成为盟主。他的大夫正考父赞美这事，所以追述契、汤、高宗的发迹、建国等业绩，揭示殷朝所以兴盛的原因，写了《商颂》。宋襄公既已在泓水打了败仗，但是仍有君子称赞他，这是悲叹当时中原地区的国家缺少礼义，所以表彰襄公，因为他还是一个有礼让精神的人啊。

点评

庄子曾云：“仁义者，先王之蘧庐也，止可以一宿，而不可久处，觏而多责。”作为一国之君，单单有妇人之仁，是无法使国家长治久安的。此篇以宋襄公的失败为例，证明仁义不适用于“兵不厌诈”“争于力”的时代，同时也证明君主不宜事必躬亲的道理，都是很有说服力的。请看这个宋襄公的固执是何等幼稚、可笑、可悲，又何等愚蠢。害了国家，也毁灭了自己。宋襄公不懂战争规律，也不通晓做君主的要领，他受到无情的惩罚，毫不奇怪。自己不懂，若能倾心听取右司马购强的正确建议，也决不会如此惨败。虽然司马迁从传统的儒家“仁者爱人”的角度对宋襄公大加褒扬，但并非所有人都认同宋襄公之“仁义”，后世很多学者都批评他这是虚情假意，沽名钓誉。“徒以不仁之资，盗仁者之名尔。”（苏轼语）从宋襄公的所作所为看，他明显是个有极大政治野心的人，所谓仁义，只不过是骗人的把戏而已。

八　禁奸禁心　止沸抽薪

凡治之大者，非谓其赏罚之当也[①]。赏无功之人，罚不辜之民，非所谓明也。赏有功，罚有罪，而不失其人，方在于人者也[②]，非能生功止过者也。是故禁奸之法，太上禁其心[③]，其次禁其言，其次禁其事。今世皆曰“尊主安国者，必以仁义智能”，而不知卑主危国者之必以仁义智能也。故有道之主，远仁义，去智能，服之以法。是以誉广而名威，民治而国安，知用民之法也。凡术也者，主之所执也[④]；法也者，官之所师也。然使郎中日闻道于郎门之外[⑤]，以至于境内日见法，又非其难者也。

（《说疑》）

【注释】

①当（dàng）：适当。

②方：仅仅。

③太上：最上，最重要的。　心：思想。

④执：掌握。

⑤郎中：官名。始于战国，掌管门户、车骑等事；内充侍卫，外从作战。　闻：传达。　道：法制的大道理。　郎：通“廊”，指宫殿的廊。

【译文】

治国的重要问题，不仅是赏罚得当。奖赏无功的人，惩罚无罪的人，不能称作明察。奖赏有功的人，惩罚有罪的人，且全无遗漏，作用仅仅局限在个别人身上，并不能起鼓励立功和禁止犯罪的作用。因此，禁止奸邪的首要问题，在于首先禁止产生奸邪的思想，其次是禁止奸邪的言论，再次是禁止奸邪的行为。今天世人都在说“使君主得到尊严，国家得到安定，必定要依靠仁义智能”，殊不知造成君主卑下、国家危难的原因，必是因为仁义智巧。因此有道的君主，摒弃仁义，排斥智巧，用法度使人服从。因此才能声誉广传而威名远扬，民众平安而国家安定，这是懂得用民的方法。一般来说，术由君主掌握，法由官吏遵循执行。既然如此，那么派遣侍从郎官每天在宫门外传达法治的道理，以至于国内民众每天都能看到法令，也并不是一件难事。

扩展阅读

所谓壹刑者[①]，刑无等级，自卿相、将军以至大夫、庶人，有不从王令、犯国禁、乱上制者[②]，罪死不赦。有功于前，有败于后，不为损刑[③]。有善于前，有过于后，不为亏法[④]。忠臣孝子有过，必以其数断。守法守职之吏有不行王法者，罪死不赦，刑及三族。周官之人，知而讦之上者，自免于罪，无贵贱，尸袭其官长之官爵田禄[⑤]。故曰：重刑连其罪，则民不敢试[⑥]。民不敢试，故无刑也。夫先王之禁，刺杀，断人之足，黥人之面，非求伤民也，以禁奸止过也[⑦]。故禁奸止过，莫若重刑。刑重而必得，则民不敢试，故国无刑民[⑧]。国无刑民，故曰：明刑不戮。

（《商君书·赏刑》）

【注释】

①壹：通“一”，统一。

②禁：法禁。　上：国君。

③损：减轻，减少。

④亏：破坏。

⑤周官：周围的官员。　讦（jié）：告发。　尸袭：承袭，取代。　官长：被告发的长官。

⑥连其罪：指“什伍连坐法”。

⑦黥（qíng）：古代在人脸上刺字并涂墨之刑。

⑧必得：坚决执行。

【译文】

我们所说的统一刑罚，是指执行刑罚不分等级，从卿相、将军直到大夫、平民，有不听从君主命令、违反国家法令、扰乱君主制定的法律的人，均处以死罪，绝不赦免。以前立过战功，后来又打败仗的人，不因以前的战功而减刑。以前做过好事，后来又犯错的人，不因此而破坏法令。忠臣、孝子有罪过，也一定根据他们罪过的轻重来断定。执行法令的官吏和担任其他职务的官吏有不实行君主法令的，也处以死罪，决不赦免，而且刑罚也会牵连到他们的亲族。同僚官员，凡是知道他人犯罪并且向上级告发的，他就可以免罪，不论贵贱，都能承袭那位被告发的官吏的官爵、土地和俸禄。所以说：使用重刑并施行连坐法，民众就不敢以身试法。民众不敢以身试法，因此也就不用刑罚了。先王制定的法令，有将人处死的，有砍断犯人的脚的，有在犯人脸上刺字涂墨的，这不是为了伤害民众，而是要禁止奸邪、防止罪过。因此禁止奸邪、防止罪过，没有比用重刑更有效的了。刑罚重就一定坚决执行，那么民众就不敢以身试法了，所以国家就等于没有受刑罚处治的民众，国家没有受刑罚处治的民众，因此说：只要刑罚严明，人民就很少因犯法而被杀。

点评

在赏罚方面，商鞅主张重刑少赏，轻罪重罚，以达到“以刑去刑”的效果，从而禁奸止过。他认为，重刑是禁奸止恶最有效的方法。有了重刑的严厉惩罚，人民就会望而却步，不敢再做坏事、犯罪，从而走上从善的道路，最终“一国皆善”。商鞅的重刑思想在当时是符合生产力发展的要求的，也符合社会的需要，帮助当时的秦国走向了富国强兵之路。但是重刑给人民带来的是内心的极度恐惧与压抑，会激起人民的反抗，秦末农民大起义就是很好的证明，所以赏罚之度适应社会生产力的发展、符合民心才会起到良好的作用。而“禁奸止过”，还要从人的思想根源入手。韩非在继承商鞅重刑思想的同时无疑认识到了这一点，提出了“禁心”的主张。禁心就是用法制观念消除为非作歹的邪恶念头，然后按法律行事，这是十分高明的见解。赏罚无疑是惩恶劝善的必要手段，是维护社会秩序的强制措施。它是对已功已罪的回报，离不开对当事人的奖惩，对其他人立新功、止新罪不能产生直接效应。所以会出现一方面是见义勇为者少，一方面是恶性犯罪屡杀不止的局面。这说明赏罚也存在着一定的局限性。如果以禁心为本，让法制深入人心，辅之以公正执法，对防止犯罪和奖励立功就会更加有效了。

九　助纣为虐　人尽其才

周有玉版[①]，纣令胶鬲索之[②]，文王不予[③]；费仲来求[④]，因予之。是胶鬲贤而费仲无道也[⑤]。周恶贤者之得志也[⑥]，故予费仲。文王举太公于渭滨者[⑦]，贵之也；而资费仲玉版者，是爱之也[⑧]。故曰："不贵其师，不爱其资，虽知大迷[⑨]，是谓要妙[⑩]。"

（《喻老》）

【注释】

①玉版：用玉做的刻有文字的版片。

②胶鬲（gé）：人名，商纣王的忠臣。　索：索取。

③文王：指周文王姬昌。

④费仲：商纣王宠信的臣子，善于阿谀逢迎。
⑤是：这（是因为）。
⑥恶（wù）：讨厌，憎恨。
⑦太公：指太公望，即姜尚，一名吕尚，长于军事谋略，曾帮助周武王灭商，受封于齐。太公是对他的尊称。　渭：渭水，在今陕西境内。　滨：水边。
⑧这句话是说：文王在渭水边提拔了太公，是尊重他；而把玉版提供给费仲，则是看中他能败坏纣王的朝政。
⑨知：通“智”。　迷：迷惑，糊涂。
⑩要妙：奥妙。这句话出自《老子》王弼注本二十七章。

【译文】

周人拥有一块玉版，殷纣王派胶鬲前去索取，文王不给他；费仲前去索求，文王就给了。这是因为胶鬲贤达而费仲太荒唐无德。周人讨厌贤人在殷朝得志，所以给了费仲。周文王在渭水边提拔了太公，那是尊重他；而把玉版提供给费仲，却是看中他得志后可以扰乱殷纣。所以《老子》说：“假如不尊重他的老师，不爱惜可资利用的条件，尽管聪明，终是让人太糊涂，这就叫做奥妙。”

扩展阅读

世传虎啮人[①]，人死，魂不敢他适[②]，辄隶事虎，名伥鬼[③]。虎行求食，伥必与俱，为虎前导，遇涂有暗机伏阱，则迂道以往[④]。呼虎曰将军，死则哭之。《听雨记谈》曰：“人遇虎，衣带自解，皆别置于地。虎见人躶而后食之[⑤]，皆伥所为。”伥可谓鬼之愚者也。

（《正字通·听雨记谈》）

【注释】

①啮（niè）：咬。

②魂：古人认为太极出现、天地剖判之后，天气（阳气）下降，地气（阴气）上升，二气相合，乃生人类。其中，阴气化为人的肉身，阳气则入主肉身，表现为人的精神。人之死是人之生的逆过程。人死之时，体魄留地，通过腐烂过程还原为地气；寄宿于肉身的阳气则离开体魄，回旋升空，还原为天气。离开死者体魄回旋升空的阳气，就是“魂”。　适：往，到。

③伥鬼：是一种特殊的鬼，指的是那些被老虎吃掉的人，其鬼魂变成为老虎服役的鬼，他经常引诱别人来喂老虎。

④迂道：绕道。

⑤躶（luǒ）：古同“裸”。

【译文】

如果不幸被老虎伤了性命，他的灵魂，就变作替老虎服务的一种鬼。这种鬼叫做“伥鬼”。“伥鬼”必须死心塌地做老虎的奴才，称老虎为“将军”，听老虎的指使。老虎出行，伥鬼在前引导，发现陷阱和捕兽网具，伥鬼就请“将军”绕道避开。遇有行人，老虎倘要吃他，伥鬼就先把他抓住，脱光他的衣服，然后让“将军”来吃。所以，如果有人遇见老虎，在他被吃掉之前，他的腰带、扣子会自动解开，衣服会一件件自动脱下来……这人被老虎吃掉后，灵魂就充作新伥鬼，接替原伥鬼的工作。原伥鬼也就有了替身，可以不再做伥鬼了。

点评

周文王举太公为师，为贵师之意；以玉版资助费仲，是爱资之意。周文王让佞臣费仲为虎作伥的目的，是看中他得志后可以扰乱殷纣。在韩非看来，恶人也有值得善人所资取之处。

十　虎释爪牙　臣服于狗

明主之所导制其臣者[①]，二柄而已矣。二柄者，刑德也。何谓刑德？曰：杀戮之谓刑[②]，庆赏之谓德。为人臣者畏诛罚而利庆赏，故人主自用其刑德，则群臣畏其威而归其利矣。故世之奸臣则不然[③]，所恶，则能得之其主而罪之；所爱，则能得之其主而赏之。今人主非使赏罚之威利出于己也[④]，听其臣而行其赏罚，则一国之人皆畏其臣而易其君[⑤]，归其臣而去其君矣。此人主失刑德之患也。夫虎之所以能服狗者，爪牙也，使虎释其爪牙而使狗用之，则虎反服于狗矣。人主者，以刑德制臣者也，今君人者释其刑德使臣用之，则君反制于臣矣。故田常上请爵禄而行之群臣[⑥]，下大斗斛而施于百姓[⑦]，此简公失德而田常用之也[⑧]，故简公见弑[⑨]。子罕谓宋君曰[⑩]："夫庆赏赐予者，民之所喜也，君自行之；杀戮刑罚者，民之所恶也，臣请当之。"于是宋君失刑而子罕用之。故宋君见劫[⑪]。田常徒用德而简公弑[⑫]，子罕徒用刑而宋君劫。故今世为人臣者兼刑德而用之，则是世主之危甚于简公、宋君也。故劫杀拥蔽之主[13]，兼失刑德而使臣用之而不危亡者，则未尝有也。

（《二柄》）

【注释】

①导：通“道”，由。　制：控制。

②戮（lù）：杀。

③故：通“顾”，可是，但是。

④今：假如。

⑤易：轻视，看不起。

⑥田常：即田成子，也叫陈恒、陈成子，春秋末期齐国大臣。他采取各种争取民心的手段，扩大政治势力。公元前481年，他发动政变，攻杀齐简公，控制了齐国的政权。

⑦斛（hú）：古代量器，十斗为一斛。

⑧简公：指齐简公，名任。

⑨见弑（shì）：被杀。弑，古代称臣杀君、子杀父为弑。

⑩子罕：即皇喜，姓戴。战国中期任宋国司城（掌管土木建筑工程的官），兼管刑狱。他劫杀宋桓侯，夺取了宋国的政权。　宋君：指宋桓侯，名璧，或璧兵。

⑪见劫：被劫持，被劫杀。

⑫徒：只，仅仅。

⑬拥：通“壅”，堵塞。

【译文】

明君用来控制臣下的，不过是两种权柄罢了。这两种权柄就是刑和德。什么叫刑、德？可以说：杀戮叫做刑，奖赏叫做德。做臣子的害怕刑罚而贪图奖赏，所以君主亲自掌握刑赏权力，群臣就会害怕他的威势而追求他的奖励。而现在的奸臣却不是这样，他们对所憎恶的人，能够从君主那里取得权力予以惩罚；对所喜爱的人，能够从君主那里取得权力予以奖赏。假如君主不是把赏罚的威严和利益掌握在自己手里，而是听任他的臣下去施行赏罚，那么全国的人就都会害怕权臣而轻视君主，就都会归附权臣而背离君主。这是君主失去刑赏大权的祸害。老虎能制服狗，靠的是爪牙；假使老虎去掉它的爪牙而让狗使用，那么老虎反而会被狗所制服。君主是要靠刑德来制服臣下的，如果做君主的丢掉刑赏大权而让臣下使用，那么君主反而会被臣下所控制。所以田常向君主请求爵禄而赐给群臣，对下用大斗出小斗进的办法把粮食借贷给百姓，这就是齐简公失去奖赏大权而由田常掌握，简公遭到杀害的原因。子罕告诉宋桓侯说："奖赏恩赐是百姓喜欢的，君王自己施行；杀戮刑罚是百姓憎恶的，请让我来掌管。"于是宋桓侯失去刑罚大权，由子罕掌握。宋桓侯因而遭到挟持。田常仅仅掌握了奖赏大权，齐简公就遭到了杀害；子罕仅仅掌握了刑罚大权，宋桓侯就遭到了劫杀。所以当代做臣下的同时统摄了刑赏大权，那么君主将会遭受到比齐简公、宋桓侯更大的危险。所以被劫杀被蒙蔽的君主，一旦同时失去刑赏大权而由臣下执掌，却不导致危亡，是从来没有过的。

扩展阅读

毛嫱、西施[①]，天下之至姣也[②]。衣之以皮倛[③]，则见者皆走；易之以元緆[④]，则行者皆止。由是观之，则元緆色之助也。姣者辞之，则色厌矣。走背跋跄穷谷野走十里[⑤]，药也。走背辞药则足废。故腾蛇游雾[⑥]，飞龙乘云，云罢雾霁[⑦]，与蚯蚓同，则失其所乘也[⑧]。故贤而屈于不肖者，权轻也；不肖而服于贤者，位尊也。尧为匹夫，不能使其邻家。至南面而王，则令行禁止。由此观之，贤不足以服不肖，而势位足以屈贤矣。

（《慎子·威德》）

【注释】

①毛嫱、西施：二人是春秋时期越国绝色美女。

②至姣：最漂亮娇美的女人。

③皮倛（qī）：相貌极其丑恶，这里指粗糙的衣物。

④元緆（xī）：精美的细布。

⑤跄（lún）：行貌。

⑥腾蛇：传说是龙的一种。

⑦霁：消散。这句意思是云消雾散。

⑧所乘：指所依托的东西。

【译文】

毛嫱、西施是天下最美丽的女子，要是让她们穿上兽皮、粗麻之类的服饰，那么看见的人都会马上跑开；要是让她们换上漂亮的细麻布衣，那么过路的人都会停下来观看。由此看来，则是好看的细麻布衣帮助的结果。美女不穿好看的衣服而穿难看的衣服，就会让人产生嫌恶。背着沉重的东西能够长途跋涉，走完山谷与原野，跑了十多里路，是因为把东西捆绑在背上的缘故。如果把东西不捆绑好放在背上，就无法走路。所以，腾蛇趁雾游行，飞龙乘云往来，一旦云停雾散，飞龙和腾蛇就与蚯蚓、蚂蚁一样，这是因为它们丧失了依托的缘故。因此，贤人之所以屈服于不肖者，是因为贤人的权力太轻；而不肖者能服从于贤人，是因为贤人的地位尊贵。唐尧作为普通老百姓，不能指使他的邻居。等到他坐北朝南称王的时候，就能有令必行，有禁必止。由此看来，贤德并不能使不肖者服从，而权势地位却足以让贤者屈服。

点评

权柄，是一种具有强制性的、控制性的力量，是驾驭群臣的法宝。借助这种力量，国君可以实现自己的意图。拥有权势的君王，犹如拥有利爪和锐齿的猛虎。老虎降服狗的原因，是老虎有爪子和牙齿，同样，君王之所以有权力，在于牢牢把握刑、德“二柄”。国君只有牢固地掌握刑罚和奖赏的权力，他的命令才能贯彻执行，他的统治意志才可以得到实现，权力才不至于倾覆。这篇短文把权柄比作虎的爪牙，十分形象、得体。既然是法宝，岂有借人之理？因为这种法宝不是一般珍宝，而是护身之宝、保命之宝、治国之宝。齐国的田常拿到了君主的赏赐权，宋国的子罕拿到了君主的刑罚权，结果齐简公被田常杀死，子罕劫杀了宋君。还有一些君主并没有认识到问题的严重性，仍然重蹈覆辙，实在令韩非痛心。

十一　子路施粥　越俎代庖

季孙相鲁①，子路为郈令②。鲁以五月起众为长沟③，当此之时④，子路以其私秩粟为浆饭⑤，要作沟者于五父之衢而飡之⑥。孔子闻之，使子贡往覆其饭⑦，击毁其器，曰："鲁君有民，子奚为乃飡之⑧？"子路怫然怒⑨，攘肱而入⑩，请曰："夫子疾由之为仁义乎⑪？所学于夫子者，仁义也；仁义者，与天下共其所有而同其利者也。今以由之秩粟而飡民，其不可何也？"孔子曰："由之野也⑫！吾以女知之⑬，女徒未及也⑭。女故如是之不知礼也⑮！女之飡之，为爱之也。夫礼，天子爱天下，诸侯爱境内，大夫爱官职，士爱其家，过其所爱曰侵。今鲁君有民而子擅爱之，是子侵也，不亦诬乎⑯！"言未卒⑰，而季孙使者至，让曰⑱："肥也起民而使之⑲，先生使弟子止徒役而飡之⑳，将夺肥之民耶？"孔子驾而去鲁㉑。以孔子之贤，而季孙非鲁君也，以人臣之资，假人主之术㉒。蚤禁于未形，而子路不得行其私惠，而害不得生，况人主乎！以景公之势而禁田常之侵也，则必无劫弑之患矣。

（《外储说右上》）

【注释】

①季孙：指季康子，名肥，春秋末期鲁国执政的卿。

②子路：又称季路，即仲由，春秋时鲁国人，孔丘的门徒。郈（hòu）：鲁国地名，叔孙的封邑，位于今山东东平东南。　令：县邑的长官。春秋时鲁国称宰，这里是用战国的名称。

③起众：发动民众。　为：开掘。

④当此之时：指开挖长沟期间。

⑤秩粟：指按官职品级得到的粮食。秩，职位，品级。　浆饭：稀饭。

⑥要：同“邀”。　五父之衢（qú）：一条交通大道，在鲁国都城曲阜东南。衢，大路。　飡：同“餐”。

⑦子贡：姓端木，名赐，春秋时卫国人，孔丘的门徒。覆：倒掉。

⑧奚为：为什么。

⑨怫（fú）然：忿怒的样子。

⑩攘肱（rǎng gōng）：卷起袖子露出胳膊。肱，胳膊。

⑪夫子：对孔丘的尊称。　疾：恨。　由：子路自称。

⑫野：粗野，指不懂礼。

⑬女：通“汝”。

⑭徒：乃，却是。

⑮故：通“固”，原来。

⑯诬：妄为。

⑰卒：完。

⑱让：责备。

⑲肥：季孙自称。

⑳先生：指孔丘。

㉑驾：驾起车子。　去：离开。

㉒假：借。

【译文】

季孙做鲁相，子路做郈邑的长官。鲁国在五月份发动民众开挖长沟，在开工期间，子路用自己的俸粮做成粥，让挖沟的人到五父路上来吃。孔子听说后，叫子贡去倒掉他的粥，砸烂盛饭的器皿，说："这些民众是属于鲁君的，你干嘛要给他们饭吃？"子路勃然大怒，握拳捋袖走进来，质问说："先生憎恨我施行仁义吗？我从先生那里学到的，就是仁义；所谓仁义，就是与天下的人共同享有自己的东西，共同享受自己的利益。现在用我自己的俸粮去供养民工，为什么不行？"孔子说："子路好粗野啊！我以为你懂了，你竟还不懂。你原来是这样的不懂得礼！你供养民工，是爱他们。礼法规定，天子爱天下，诸侯爱国境以内的民众，大夫爱官职所辖，士人爱自己的家人，越过应爱的范围就叫冒犯。现在对于鲁君统治下的民众，你却擅自去爱，这是你在侵权，不也属胆大妄为吗！"话没说完，季孙的使者就到了，责备说："我发动民众而差使他们，先生让弟子制止民工服役并给他们饭吃，是想夺取我的民众吗？"孔子驾车离开了鲁国。以孔子的贤明，而季孙又不是鲁君，对于以臣子的身份，借用君主的权术，能在危害还没有形成之前就及早杜绝，使子路不能施行个人的恩惠，使危害不致发生，何况是对君主呢？用齐景公的权势去禁止田常争取民众的越轨行为，那就必定不会出现被劫杀的祸患了。

扩展阅读

尧让天下于许由[①]，曰："日月出矣，而爝火不息[②]；其于光也，不亦难乎？时雨降矣[③]，而犹浸灌[④]；其于泽也[⑤]，不亦劳乎[⑥]？夫子立而天下治[⑦]，而我犹尸之[⑧]；吾自视缺然[⑨]，请致天下[⑩]。"许由曰："子治天下[⑪]，天下既已治也；而我犹代子，吾将为名乎？名者，实之宾也[⑫]；吾将为宾乎？鹪鹩巢于深林[⑬]，不过一枝；偃鼠饮河[14]，不过满腹。归休乎君[15]，予无所用天下为！庖人虽不治庖[16]，尸祝不越樽俎而代之矣[17]！”

（《庄子·逍遥游》）

【注释】

①尧：我国历史上传说时代的圣明君主。 许由：古代传说中的高士，字仲武，隐于箕山。据说帝尧曾多次向他请教，后来想把君位传给他，遭到了他的严辞拒绝。

②爝（jué）火：炬火，小火。

③时雨：按时令季节及时降下的雨。

④浸灌：灌溉。

⑤泽：润泽。

⑥劳：徒劳。

⑦立：位，在位。

⑧尸：庙中的神主，这里用其空居其位，虚有其名之义。

⑨缺然：不足的样子。

⑩致：给与。

⑪子：对人的尊称。

⑫宾：次要的、派生的东西。

⑬鹪鹩（jiāo liáo）：一种善于筑巢的小鸟。

⑭偃鼠：鼹鼠。

⑮休：止，这里是算了的意思。

⑯庖人：厨师。

⑰尸祝：祭祀时主持祭祀的人。 樽：酒器。 俎（zǔ）：盛肉的器皿。“樽俎”这里代指各种厨事。成语“越俎代庖”出于此。

【译文】

尧打算把天下让给许由，说：“太阳和月亮都已升起来了，可是小小的炬火还在燃烧不熄。它和日月比起光亮来，不是很难吗？及时雨普降之后还去灌溉，对于润泽禾苗不是徒劳吗？先生如能居于国君之位，一定会把天下治理得更好，可是我还空居其位；我自己越看越觉得能力不够，请允许我把天下交给您来治理。”

许由回答说：“你治理天下，天下已经获得了大治，而我如果再来代替你，不是沽名钓誉吗？‘名’是从属于‘实’的附属物，我将去追求这次要的东西吗？鹪鹩在森林中筑巢，也不过占用一根树枝；鼹鼠到大河边饮水，不过喝满肚子。你还是打消念头回去吧，天下对于我来说没有什么用处啊！厨师就是不做祭祀用的饭菜，管祭祀的人也不能越位来代替他下厨房做菜。”

点评

天子爱天下，诸侯爱国境以内的民众，大夫爱官职所辖，士人爱自己的家人，越过应爱的范围就叫冒犯。那么子路侵权施粥，虽然他的出发点是要实行仁义，但他不知此举会引出违礼侵权的政治事件来。在法家看来，子路的行为不是什么仁义不仁义的问题，而是夺取赏赐权的越轨行为。季孙氏是一个大臣，他的权势都不容人侵犯，更何况君主的权势呢？庄子曾说：“厨师就是不做祭祀用的饭菜，管祭祀的人也不能越位来代替他下厨房做菜。”因为在一定的时间、地点、条件下，好事可以变成坏事。

十二　不鸣则已　一鸣惊人

楚庄王莅政三年[①]，无令发，无政为也。右司马御座而与王隐曰[②]："有鸟止南方之阜[③]，三年不翅[④]，不飞不鸣，嘿然无声[⑤]，此为何名？"王曰："三年不翅，将以长羽翼；不飞不鸣，将以观民则[⑥]。虽无飞，飞必冲天；虽无鸣，鸣必惊人。子释之，不穀知之矣[⑦]。"处半年[⑧]，乃自听政。所废者十，所起者九[⑨]，诛大臣五，举处士六[⑩]，而邦大治。举兵诛齐，败之徐州[⑪]，胜晋于河

雍[12]，合诸侯于宋[13]，遂霸天下。庄王不为小害善，故有大名；不蚤见示[14]，故有大功。故曰："大器晚成，大音希声[15]。"

（《喻老》）

【注释】

①楚庄王：名侣，春秋五霸之一。公元前613—前591年在位。 莅（lì）政：临政，即执政。莅，到，临。

②右司马：楚国官名，主管军政。 御座：侍座，侍候在旁。 隐：隐语，用谜语的方式暗示。

③止：居住，栖息。 阜（fù）：土丘。

④不翅：不展翅。

⑤嘿：同"默"，沉默。

⑥民则：民众的态度。

⑦不穀（gǔ）：不善，古代君主自称的谦词。

⑧处：停留。

⑨起：举办。

⑩处士：没有做官的读书人。

⑪徐州：同"舒州"，由原薛邑改名。舒州，位于今山东滕县东南。

⑫晋：古国名。周初分封的诸侯国之一。姬姓。领地有今山西大部、河北、河南、陕西一角。 河雍：古地名。又作衡雍。在今河南原阳县西南。

⑬宋：古国名。周初分封的诸侯国之一。子姓。领地有今河南、山东、江苏、安徽之间地带。

⑭蚤：通"早"。 见：同"现"。

⑮希：通"稀"。这句引文见《老子》王弼注本四十一章。

【译文】

楚庄王执政三年，没有发布过命令，没有处理过政事。右司马侍座，用隐语对庄王说："一只鸟，落在南山上，三年不展翅，不飞不鸣，默然无声，大王说是什么鸟？"庄王说："三年不展翅，用来长羽翼；不飞不鸣，用来观察民风。虽然没起飞，一飞必冲天；虽然没鸣叫，一鸣必惊人。您别管了吧，我已经知道了。"过了半年，庄王就亲自处理政事。废掉大臣十人，起用提拔大臣九人，诛杀了五个大臣，进用了六个处士，结果把国家治理得非常好。起兵伐齐，在徐州打败了齐国，在河雍战胜了晋军，在宋地会合诸侯，于是称霸天下。庄王不让小事妨碍自己的长处，所以能有大名；不过早表露意图，因而能有大功。所以《老子》说："贵重的器物制作费时，因此晚成；宏大的声音需要聚集才能发出，故而稀声。"

扩展阅读

陈子昂初举进士入京[①]，不为人知。有卖胡琴者[②]，价百万。子昂顾左右，辇千缗市之[③]。众惊问，子昂曰："余善此。"曰："可得闻乎？"曰："明日可入宣阳里[④]。"如期偕往，则酒肴毕具。奉琴语曰："蜀人陈子昂，有文百轴，不为人知。此贱工之伎，岂宜留心？"举而碎之，以其文百轴遍赠会者。一日之内，名满都下。

（《全唐诗·陈子昂小传》）

【注释】

①举进士入京：准备考进士来到京师长安。

②胡琴：蒙古族弓拉弦鸣乐器。

③辇（niǎn）：古代用人拉着走的车子。 缗（mín）：古代穿铜线用的绳子，一般每串一千文。 市：买。

④里：城邑的市廛、街坊，今称巷弄。

【译文】

唐代大诗人陈子昂因准备考进士来到京师长安，刚到京城时不为人知。某日有人当街售卖胡琴，要一百万文钱的高价。陈子昂看看身边跟随的人，吩咐他们用车运来一百万文钱当场买下。旁观的人都惊问买琴的原因，陈子昂说："因为我擅长弹胡琴。"人们又问："你能不能当场演奏一曲，让我们听听呢？"陈子昂说："明天请大家来我家宣阳里。"第二天，众人如期而至，陈子昂已备好了美酒佳肴，捧出琴来对众人说："我陈子昂有文章上百篇，不为人知。这种乐工的雕虫小技，算得了什么？"说完便把琴举起来砸碎了，并将文章分送给众人。于是在一天之内，陈子昂的大名传遍整个京城。

点 评

楚庄王的成功，是抱法处势、巧妙用术的结果，是三者完美的结合。由此可见，庄王是一个善于任势的君主。他三年不暴露自己的意图，由小到大，由弱到强，证明庄王又是一个会用术的君主。他实现了富国强兵、问鼎中原、威震诸侯的霸业，这说明他依法治国取得了显著成效。所以他一听政，便能一鸣惊人，一飞冲天，一跃而成为新的霸主。治理国家，成就霸业也许不是每个人都能有的抱负，但是怎样实现理想、成就梦想，陈子昂给予我们形象的演示。陈子昂的诗风骨峥嵘，寓意深远，苍劲有力，"横制颓波，天下翕然质文一变"。可是，他连续参加几次科考都没有及第。他千金买琴，将人们请到自己家里后，愤而摔琴，分发自己的诗文篇章，由于诗文具有较高的艺术成就，他的大名一天传遍京城。可见，能"一鸣惊人"的人，必定在"不鸣则已"的时候，不断养精蓄锐；能"一日之内，名满都下"的，必定在"不为人知"的时候随时都在充实自己、准备自己。

十三　以一制万　纲举目张

摇木者一一摄其叶[①]，则劳而不遍；左右拊其本[②]，而叶遍摇矣[③]。临渊而摇木，鸟惊而高，鱼恐而下[④]。善张网者引其纲[⑤]，不一一摄万目而后得；若一一摄万目而后得[⑥]，则是劳而难；引其纲，而鱼已囊矣[⑦]。故吏者，民之本，纲者也，故圣人治吏不治民。

救火者，令吏挈壶瓮而走火[⑧]，则一人之用也；操鞭箠指麾而趣使人[⑨]，则制万夫。是以圣人不亲细民[⑩]，明主不躬小事[⑪]。

（《外储说右下》）

【注释】

①木：树。　摄：揭，拨动。

②本：树干。

③遍摇：树叶一一被摇动，无一遗漏。

④高：高飞。　下：深游。

⑤纲：网上的总绳。

⑥目：网眼。

⑦囊：口袋，这里指鱼被网住。

⑧吏：指啬夫。　挈（qiè）：提。　瓮：一种可盛水的陶器。　走火：跑去救火。

⑨箠（chuí）：短棍。 指麾（huī）：指挥。 趣：通“促”，督促，驱使。

⑩亲：治理。 细民：民众。细，小。

⑪躬：亲自。

【译文】

摇树的人如果逐一地拨动树叶，即使很劳累，也不能把叶子全部拨动一遍；如果从左右拍打树干，那么所有的树叶就会晃动起来了。在深潭的边上摇树，鸟惊而高飞，鱼恐而深游。善于张网捕鱼的人牵引鱼网的总绳，不逐一地拨弄网眼捕鱼；如果逐一地拨弄网眼，然后捉鱼，那就不但劳苦，而且也难以捕到鱼了；牵引网上的总绳，鱼就自然被网住了。所以官吏是民众的树干和总绳，因此圣明的君主管理官吏而不去管理民众。

救火时，叫主管官员提着水壶水罐跑去救火，只能起一个人的作用；拿了鞭子、短棍指挥驱使人们，就能役使上万的人去救火。因此圣明的君主不亲自治理民众，不亲自处理小事。

扩展阅读

学莫便乎近其人[①]。《礼》《乐》法而不说[②]，《诗》《书》故而不切[③]，《春秋》约而不速[④]。方其人之习君子之说[⑤]，则尊以遍矣，周于世矣[⑥]。故曰：学莫便乎近其人。学之经莫速乎好其人[⑦]，隆礼次之[⑧]。上不能好其人，下不能隆礼，安特将学杂识志[⑨]、训《诗》《书》而已耳[⑩]，则末世穷年，不免为陋儒而已[⑪]！将原先王，本仁义，则礼正其经纬、蹊径也。若挈裘领，诎五指而顿之[⑫]，顺者不可胜数也。不道礼、宪[⑬]，以《诗》《书》为之，譬之，犹以指测河也，以戈舂黍也[⑭]，以锥餐壶也[⑮]，不可以得之矣。故隆礼，虽未明，法士也[⑯]；不隆礼，虽察辩[17]，散儒也[18]。

（《荀子·劝学》）

【注释】

①其人：指贤师益友。

②法而不说：仅有成法而无详细解说。

③故而不切：所载多是从前的故事，而不切近实际。

④约：隐约。　速：迅速直接（理解）。

⑤方：通“仿”，仿效。

⑥周：全面。　于世：通晓世事。

⑦经（jìng）：径，途径。

⑧隆：尊崇。

⑨安：则。　特：仅。　杂识志：识是衍文。杂志，杂乱的记载。

⑩训《诗》《书》：为《诗》《书》做注解。

⑪陋儒：学识浅陋的儒生。

⑫诎：同屈。　顿：上下抖动使整齐。

⑬道：由，通过。

⑭舂：舂米。

⑮壶：食物的器具。

⑯法士：守礼法之士。

⑰察辩：明察善辩。

⑱散：指不检点约束。　儒：儒生。

【译文】

学习没有比亲近良师更便捷的途径了。《礼经》《乐经》有法度但无详细解说；《诗经》《尚书》古朴但不切近实际；《春秋》隐微但不够详备；仿效良师学习君子的学问，既崇高又全面，还可以通达世理。所以说学习没有比亲近良师更便捷的途径了。崇敬良师是最便捷的学习途径，其次就是崇尚礼仪了。若上不尊重老师，下不崇尚礼仪，仅读些杂书，解释一下《诗经》《尚书》之类的内容，那么尽其一生也不过是一个见识浅薄的书生而已。要穷究圣人的智慧，寻求仁义的根本，从礼法入手才是能够融会贯通的捷径。就像弯曲五指提起皮袍的领子，向下一顿，皮毛就完全可以理顺。如果不究礼法，仅凭《诗经》《尚书》去立身行事，就如同用手指测量河水、用戈舂黍米、用锥子到饭壶里取东西吃一样，是徒劳无益，根本办不到的。所以，尊崇礼仪，即使不能透彻明了学问，也不失为有道德有修养之士；不尚礼仪，即使明察善辩，也不过是身心散漫无真实修养的浅陋儒生而已。

点评

抓纲治本，以一制万，是任势的技巧。本、纲、吏都可以形成一定的势，君主针对不同情况分别使用，便出现任势的效果。官吏是治理民众的根本，是纲，所以对地方的治理，和救火一样，君主应采用“治吏不治民”的方针。以一制万，就是任势。

学习也是如此。俗话说：“名师出高徒。”书本知识毕竟有限，学生亲近教师，与教师经常交流，才可以学到更多的知识；学生也是在与教师的交流中获取更多的知识和对书本内容的深入了解。否则，学生暗中摸索、独自钻研，发展必然有限。

十四　宠爱奸邪　死而不葬

管仲有病[①]，桓公往问之[②]，曰："仲父病[③]，不幸卒于大命[④]，将奚以告寡人[⑤]？"管仲曰："微君言[⑥]，臣故将谒之[⑦]。愿君去竖刁[⑧]，除易牙[⑨]，远卫公子开方[⑩]。易牙为君主味[⑪]，君惟人肉未尝，易牙烝其子首而进之[⑫]。夫人情莫不爱其子[⑬]，今弗爱其子，安能爱君？君妒而好内[⑭]，竖刁自宫以治内[⑮]。人情莫不爱其身，身且不爱，安能爱君？开方事君十五年，齐、卫之间不容数日行[⑯]，弃其母，久宦不归[⑰]。其母不爱，安能爱君？臣闻之：'矜伪不长[⑱]，盖虚不久[⑲]。'愿君去此三子者也。"管仲卒死[⑳]，而桓公弗行[㉑]。及桓公死，虫出户不葬[㉒]。

或曰：管仲所以见告桓公者，非有度者之言也[㉓]。所以去竖刁、易牙者，以不爱其身，适君之欲也[㉔]。曰："不爱其身，安能爱君？"然则臣有尽死力以为其主者，管仲将弗用也。曰："不爱其死力，安能爱君？"是欲君去忠臣也[㉕]。且以不爱其身度其不爱其君[㉖]，是将以管仲之不能死公子纠度其不死桓公也[㉗]，是管仲亦在所去之域矣[㉘]。明主之道不然，设民所欲以求其功，故为爵禄以劝之；设民所恶以禁其奸，故为刑罚以威之。庆赏信而刑罚必[29]，故君举功于臣而奸不用于上，虽有竖刁，其奈君何？且臣尽死力以与君市[30]，君垂爵禄以与臣市[31]。君臣之际，非父子之亲也，计数之所出也[32]。君有道，则臣尽力而奸不生；无道，则臣上塞主明而下成私。管仲非明此度数于桓公也[33]，使去竖刁，一竖刁又至，非绝奸之道也。且桓公所以身死虫流出户不葬者，是臣重也[34]。臣重之实[35]，擅主也[36]。有擅主之臣，则君令不下究[37]，臣情不上通。一人之力能隔君臣之间，使善败不闻[38]，祸福不通[39]，故有不葬之患也。明主之道：一人不兼官，一官不兼事；卑贱不待尊贵而进，大臣不因左右而见[40]；百官修通[41]，群臣辐凑[42]；有赏者君见其功，有罚者君知其罪。见知不悖于前[43]，赏罚不弊于后，安有不葬之患？管仲非明此言于桓公也，使去三子，故曰：管仲无度矣[44]。

（《难一》）

【注释】

①管仲：名夷吾，齐桓公的相。他曾帮助桓公改革内政，建立霸业。

②桓公：指齐桓公，名小白，齐国君主，春秋五霸之一。

③仲父：长辈。这里是齐桓公对管仲的尊称。

④卒：终。　大命：定数，自然寿命。

⑤寡人：君主的谦称。

⑥微：无。

⑦故：通“固”，本来。　谒（yè）：告。

⑧竖刁：齐桓公宠信的年轻侍从，名刁，掌握宫内事务。竖，年轻侍仆。

⑨易牙：人名，一作狄牙，桓公近臣，擅长调味。

⑩开方：人名，卫国公子，在齐国做官。

⑪主味：主管伙食。

⑫烝：通“蒸”。

⑬夫（fú）：发语词。

⑭妒：忌妒。　内：指宫内女色。

⑮宫：割去睾丸。　治内：管理宫内的事。

⑯齐、卫之间不容数日行：齐国与卫国之间要不了几天的行程。齐，古国名。姜姓。范围包括今山东北部、东部和河北东南部。卫，古国名。姬姓。范围包括今河南东北部和河北、山东部分地区。

⑰久宦：做官很久。

⑱矜（jīn）伪不长：弄虚作假，不会长久。矜，自夸。

⑲盖虚不久：掩盖虚假，不能持久。

⑳卒死：既死，已死。

㉑弗行：不行，指桓公不按管仲的话去做。

㉒虫出户不葬：公元前643年，桓公有病，易牙、竖刁、开方等乘机作乱，阻塞宫门。桓公饿死后，三个月不收葬，尸体腐烂，蛆虫爬出门外。

㉓或曰：有人反驳说。　度：法度。

㉔适：顺从，迎合。

㉕去：远离。

㉖度（duó）：忖度，推断。

㉗公子纠：齐桓公的哥哥。

㉘域：范围。

㉙必：一定，坚决。

㉚市：交易。

㉛垂：悬，引申为设置。

㉜计数：计算利害得失。

㉝度数：法术。

㉞臣重：臣下的权力过大。

㉟实：内容，结果。

㉟擅主：挟持君主。

㊲下究：下达。

㊳善败：好坏。

㊴通：明了。

㊵左右：君主身边的侍从。

㊶修：通“循”，顺序。

㊷辐凑（fú còu）：车轮的辐条聚集到车毂。凑，通“辏”，聚。

㊸悖（bèi）：混乱。

㊹无度：不懂法度。

【译文】

管仲生重病，齐桓公前去探望，询问说：“您病了，万一有个不幸，有什么话准备告诉我？”管仲说：“您就是不问我，我本来也要告诉您的。希望您赶走竖刁，除去易牙，远离卫公子开方。易牙为您主管伙食，您只有人肉没吃过，易牙就把自己儿子的头蒸了献给您。人之常情没有不喜爱自己儿子的，现在易牙不爱自己儿子，又怎么能爱您呢？您本性好妒而喜欢女色，竖刁就自己施行宫刑，以便管理宫女。人之常情没有不喜爱自己身体的，竖刁连自己身体都不爱，又怎么能爱您呢？卫公子开方侍奉您十五年，齐国和卫国之间只有几天的行程，开方离开自己的母亲，做官很久也不探望问安，他连自己的母亲都不爱，又怎么能爱您呢？我听说：‘弄虚作假的不会长久，掩盖真相的不能持久。’希望您能远离这三个人。”管仲已死，桓公不按他的话去做。等到桓公死后，尸体里产生的蛆虫爬出门外也无人埋葬。

有人反驳说：管仲用来告诫桓公的话，不是懂法度的人所说的话。要除去竖刁、易牙的理由，是因为他们不看重自身，而去迎合君主的欲望。管仲说：“不爱自身，又怎么能爱君主?”那么臣下有拼死效力君主的人，管仲就不会任用了。他会说：“不爱惜自身而拼死出力的人，怎么能爱君主?”这是要君主除掉忠臣啊。况且用不爱自身来推断他不爱君主，这就可以用管仲不能为公子纠而死来推断管仲不能为桓公而死，这样，管仲也应当在除掉之列。明君的原则不是这样，他会设置臣民所希望的东西来求得他们立功，所以制定爵禄而鼓励他们；设置臣民所厌恶的东西来禁止奸邪行为，所以建立刑罚来威慑他们。奖赏守信而刑罚坚决，所以君主在臣子中选拔有功的人，奸人不会被任用，即使有竖刁一类的人，又能把君主怎么样呢？况且臣下尽死力来换取君主的爵禄，所以君主设置爵禄才能换取臣下的死力。君臣之间，不是父子那样的亲属关系，而是从计算利害出发的。君主有正确的治国原则，臣下就会尽力，奸邪也不会产生；君主没有正确的治国原则，臣下就会对上蒙蔽君主，对下谋取私利。管仲对桓公没有阐明这种法术。他让桓公赶走竖刁，另一个竖刁又会出现，这不是杜绝奸邪的方法。再说桓公死后蛆虫爬出门外还不得埋葬的原因，是臣下的权力过大。臣下权力过大的结果，就是挟持君主。有了挟持君主的奸臣，君主的命令就无法下达，群臣的情况也不能上通。一个人的力量能隔断君臣之间的联系，使君主听不到好坏情况，不了解祸福产生的缘由，所以有死后不葬的祸患。明君的治国原则：一人不兼任他职，一职不兼管他事；地位低的人不必等待地位高的人来推荐，大臣不必通过君主近侍来引见；百官都能逐级上通，群臣好像车辐聚集到车轴中心一样归附君主；受赏的人，君主能了解他的功劳；受罚的人，君主能知道他的罪过。君主事先对群臣的功过了解得清楚，然后进行赏罚，就不会受蒙蔽，怎么会有死后不葬的祸患呢？管仲不对桓公讲明这个道理，只是让他赶走三个人，所以说管仲不懂法度。

扩展阅读

齐桓公见小臣稷[①]，一日三至，不得见也，从者曰："万乘之主[②]，见布衣之士，一日三至而不得见，亦可以止矣。"桓公曰："不然，士之傲爵禄者，固轻其主；其主傲霸王者，亦轻其士。纵夫子傲爵禄[③]，吾庸敢傲霸王乎[④]？"五往而后得见。天下闻之，皆曰："桓公犹下布衣之士[⑤]，而况国君乎？"于是相率而朝，靡有不至[⑥]。桓公所以九合诸侯，一匡天下者[⑦]，遇士于是也。诗云："有觉德行，四国顺之。"桓公其以之矣。

（《新序·杂事第五》）

【注释】

①见：拜见。　稷：人名。

②万乘之主：有一万辆兵车的大国国君。

③夫子：对稷的敬称。

④庸：岂。

⑤犹：尚且。

⑥靡：无。

⑦一匡天下：纠正混乱局势，使天下安定下来。匡，纠正。天下，原指周天子统治所及的地方，即整个中国。

【译文】

齐桓公去拜访小臣稷，一天去了三次都没能见到。跟随着的人说："您以乘万乘君主的身份，去拜访一个平民百姓，一天之中去了三次都没有见到，这也可以停止了吧。"桓公说："不是这样的。那些看不起爵位俸禄的士人，当然会轻视他的君主；他的君主如果看不起中原霸主的地位，当然也会轻视士人。纵然小臣稷先生看不起爵位俸禄，我又怎敢看不起中原霸主的大业呢？"五次前去拜访之后才见到了小臣稷。天下的诸侯听说了这件事，都说："齐桓公对待平民百姓尚且能够谦虚退让，何况国君呢？"于是一个接一个来朝见齐桓公，没有不来朝见的。齐桓公能够九次召集诸侯会盟，纠正混乱局势，使天下安定下来，就是因为他能够用这样的态度对待士人啊。《诗经》上说："有着正直德行的人，四方国家的人们都会顺服他。"齐桓公大概可以算是有这样的德行了。

点评

齐桓公礼贤下士，选贤任能，为其霸业储备了大量的有用人才，国运兴隆，天下安宁，四国顺之。管仲去世之后，齐桓公并没有听从管仲要他"去竖刁，除易牙，远卫公子开方"的劝告，反而宠爱易牙和竖刁之类的奸邪之人，一世英明，到头来却因不能知人善任而落得个死而不葬的可悲下场，成为笑柄。有一种观点认为，桓公之过在不听管仲之言。围绕这一问题，韩非子加以辩难，详细分析了事件发生的原因及性质，指出君有道，臣尽力而奸不生；君无道，君主受蒙蔽，臣下营私。管仲去奸的办法，只能是除去一奸，又生一奸，于事无补。桓公遭此灾难是失于赏罚、不以法治国的必然结果。

十五　释车而走　欲速不达

齐景公游少海[①]，传骑从中来谒曰[②]：“婴疾甚[③]，且死[④]，恐公后之。”景公遽起[⑤]，传骑又至。景公曰：“趋驾烦且之乘[⑥]，使驺子韩枢御之[⑦]。”行数百步，以驺为不疾[⑧]，夺辔代之御[⑨]；可数百步[⑩]，以马为不进，尽释车而走[⑪]。以烦且之良而驺子韩枢之巧[⑫]，而以为不如下走也[⑬]。

（《外储说左上》）

【注释】

①齐景公：名杵臼，春秋时齐国君主。　少（shào）海：即渤海。

②传骑：驿使，负责传递公文和情报的人。　中：指国都之中。　谒：拜见。

③婴：指晏婴，字平仲，齐景公的相。

④且：将。

⑤遽（jù）：急忙，立刻。

⑥趋（cù）：赶快。　烦且：一种良马。　乘：马车。

⑦驺（zōu）子：掌驭马驾车的官。　韩枢：人名，驾驭马车的能手。　御：驾驭。

⑧疾：快。

⑨辔（pèi）：马缰绳。

⑩可：大约。

⑪释：舍弃，丢开。

⑫而：与，加上。

⑬下走：下车跑。

【译文】

齐景公在渤海边游玩，驿使从国都跑来谒见说："晏婴病得很重，快要死了，恐怕您赶不上见他了。"景公立刻起身，又有驿使骑马告急。景公说："赶快套上千里马烦且拉的车，叫马车官韩枢驾车。"才跑了几百步，景公认为韩枢赶得不快，夺过缰绳，代他驾车，又跑了几百步路，景公认为马不往前奔，就干脆下车，自己向前奔跑。凭烦且这样的好马和车马官韩枢这样高超的驾驭本领，而齐景公竟会认为不如自己下车跑得快。

扩展阅读

子夏为莒父宰[①]，问政[②]。子曰："无欲速，无见小利。欲速则不达，见小利则大事不成。"

(《论语·子路》)

【注释】

①子夏：孔子的学生。姓卜名商字子夏。 莒（jǔ）父：鲁国地名。现在的山东莒县境内。 宰：城邑的长官。

②问政：请教施政方面的问题。

【译文】

孔子的学生子夏一度在莒父做地方首长，他问孔子怎样办理政事。孔子告诉他说："做事不要图快，不要只见眼前小利。如果只图快，反倒达不到目的；只图小利，就办不成大事。"

点 评

齐景公的故事用意在讽刺不懂任势的人。抛弃马车，自己徒步奔跑。尽管现实生活中没有愚蠢到这种地步的人，但是众多事必躬亲的君主，放弃任势，和下车跑步的人都是同一类型的人。正如孔子说的那样，为政的原则就是要有远大的目光，不要为一些小利益花费太多心力，要顾全大局。一味主观地求急图快，违背了客观规律，后果只能是欲速则不达。一个行政长官，只有摆脱了急功好利的速成心理，一步步地积极努力，才能为官一任，造福一方。

十六 应时权变 见形施宜

秦大饥[①]，应侯请曰[②]：“五苑之草著[③]：蔬菜、橡果、枣栗[④]，足以活民，请发之[⑤]。”昭襄王曰：“吾秦法，使民有功而受赏，有罪而受诛。今发五苑之蔬果者，使民有功与无功俱赏也。夫使民有功与无功俱赏者，此乱之道也。夫发五苑而乱，不如弃枣蔬而治[⑥]。”

（《外储说右下》）

【注释】

①秦：古国名。嬴姓。周平王时分封的诸侯国。领地有今陕西中部和甘肃东南部。　大饥：严重饥荒。

②应侯：范雎（jū）的封号。范雎是战国时魏国人，任秦昭襄王相，以功封于应（位于今河南鲁山东北）。

③苑（yuàn）：帝王的游乐打猎场所，内养禽兽，种植花木果树。　草著：著地而生的草木。

④橡果：栎（lì）树的果实，可食。

⑤发：打开，开放。

⑥弃枣蔬：丢掉烂掉的枣栗、蔬菜。言外之意是宁肯烂掉也不给百姓吃。

【译文】

秦国遇到严重饥荒，应侯请求说：“五处苑场中的草木植物：蔬菜、栎树果、枣子、栗子，足以养活百姓，请您开放。”秦昭王说：“我们秦国的法令，是让百姓有功受赏，有罪受罚。现在如果开放五苑的蔬菜瓜果，却是不论有功无功都要让百姓受到赏赐。不论有功无功都让百姓受到赏赐，那是使国家混乱的做法。开放五苑而使国家混乱，不如烂掉瓜果蔬菜而使国家太平。”

扩展阅读

老子曰：执一世之法籍[①]，以非传代之俗，譬犹胶柱调瑟[②]。圣人者，应时权变[③]，见形施宜[④]，世异则事变，时移则俗易，论世立法，随时举事。上古之王，法度不同，非古相返也[⑤]，时务异也，是故不法其已成之法，而法其所以为法者，与化推移。圣人法之可观也，其所以作法不可原也；其言可听也，其所以言不可形也。三皇五帝轻天下[⑥]，细万物，齐死生，同变化，抱道推诚，以镜万物之情，上与道为友，下与化为人。今欲学其道，不得清明，玄圣守其法籍，行其宪令，必不能以为治矣。

（《文子·道德》）

【注释】

①法籍：载有法令制度的典籍。

②胶柱调瑟：用胶粘住瑟上用以调音的短木，不能再调整音的高低缓急。比喻拘泥死板，缺少变通。瑟，古代一种弹拨乐器。

③应时权变：随机应变。

④施宜：采取相应的措施。

⑤古：通“故”，故意。 返：通“反”，违反。

⑥三皇五帝：“三皇”指天皇、地皇、人皇。“五帝”指木帝、火帝、土帝、金帝和水帝。

【译文】

老子说：如果用一代的礼法或法籍来否定、非难时代变化了的礼俗，这就好像胶住弦柱而想调瑟一样。圣人则顺应时代和客观情况而采取权宜措施。世道不同，时代变化，那么风俗和事情也会发生变化。因此，圣人是根据世道来制定法规，顺应时代来治理国家。古代帝王的法度各不相同，并不是他们有意相反、标新立异，而是因为时代变了。因此，不能照搬他们那些现成的法令，而应该效法他们制定法令的原则。而他们制定法令的原则就是根据变化了的时世不断改变法令。能够根据时世变化而不断变法。圣人之法度可以看到，但他们作法的依据却没法推究；他们的言论可以听到，但是他们言论的依据却不可以揭示。三皇五帝他们轻天下，渺视万物，齐生死和同变化，他们怀着无所不容的圣明之心来观照事物的真谛，上与天道为友，下和造化作伴。今天如果有人想学到他们的处世之道，只死守着他们的法典条文，而没有他们那种清静玄冥的精神境界，要想治理天下是不可能的。

点评

文中所说“不如弃枣蔬而治”，就是宁肯饿死一些人也要让国家安定。所以司马迁在《史记》中批评法家“苛薄寡恩”，大概也指这类情形。无功受赏有违法制，自应禁绝，赈灾救命与无功受赏不应混为一谈，机械执法并不能起到维护法制的作用，胶柱调瑟地运用法律只能给当事人带来伤害。用饿死人的办法护法，有违法的本质。

十七　治国烹鲜　不宜数变

工人数变业则失其功[①]，作者数摇徙则亡其功[②]。一人之作，日亡半日，十日则亡五人之功矣；万人之作，日亡半日，十日则亡五万人之功矣。然则数变业者，其人弥众[③]，其亏弥大矣。凡法令更则利害易[④]，利害易则民务变[⑤]，务变之谓变业[⑥]。故以理观之：事大众而数摇之[⑦]，则少成功；藏大器而数徙之[⑧]，则多败伤；烹小鲜而数挠之[⑨]，则贼其泽[⑩]；治大国而数变法，则民苦之。是以有道之君贵静，不重变法[⑪]。故曰："治大国者若烹小鲜[⑫]。"

（《解老》）

【注释】

①工人：有技艺的人。 数（shuò）：屡次。 变业：变换工作。

②作者：劳动者。 摇徙：变动。 亡：丢失。

③弥：愈，更加。

④更（gēng）：改换。 易：改变。

⑤务：注重。

⑥变业：变更工作。

⑦事：通“使”，役使。

⑧大器：贵重的器物。

⑨烹：煮。 鲜：活鱼。 挠：扰动，翻动。

⑩贼：伤害。 泽：光泽。

⑪不重变法：不注重轻易改变已经确定的法令。

⑫这句话出自《老子》王弼注本六十章。

【译文】

工匠屡变职业，因荒废技艺而降低效率；劳作者屡变劳动场所，就丧失功效。一个人的劳作，一天丢失半天，十天就丢失五个人的功效；一万人的劳作，一天丢失半天，十天就丢失五万人的功效。既然如此，那么屡变作业的人，人数越多，损失就越大。凡是法令变更了，利害情况也就跟着改变；利害情况改变了，民众从事的作业也就跟着变化；从事的作业有了变化，就叫做变换劳作项目。所以按照道理来看，役使大众而屡屡让他们发生变动，功效就会很小；收藏贵重器物而屡加挪动，损毁就会很大；烹煮小鱼而屡加翻动，就伤害它的光泽并使鱼破碎；治理大国而屡变法令，百姓就会受到坑害。因此懂得治国原则的君主把安定看得很宝贵，法令确定以后，不再轻易变更。所以《老子》说：“治理大国就像烹煮小鱼一样不能乱动。”

扩展阅读

治大国，若烹小鲜[①]。以道莅天下[②]，其鬼不神[③]；非其鬼不神，其神不伤人；非其神不伤人，圣人亦不伤人。夫两不相伤，故德交归焉。

（《道德经》）

【注释】

①治大国，若烹小鲜：小鲜，小鱼。治理大国，要像煎烹小鱼一样。这是老子"无为"思想的又一阐述。

②道：清静无为的自然之道。　莅（lì）：治理，统治，管理。

③神：灵，动词。起作用的意思。

【译文】

治理大国就好像烹煎小鱼一样。烹调小鱼的时候，不可轻易去搅动它；国策要保持稳定性和连贯性，不能翻来覆去、变化无常。以自然之道莅临天下，就连鬼怪的作祟都不灵验了；非但鬼怪不灵验，而且它所显现出来的神气不伤人；非但它所显现出来的神气不伤人，就连统治者亦不会去逼害人；鬼怪以及统治者两者都不来伤害人。在两不相伤的情况下，人民各安其命，各遂其生，国家安宁，社会稳定，天下人民也就恢复了纯真朴素。

点评

老子将治理大国比喻为煎烹小鱼，就是要统治者不要总是搅扰人民，而应安静无为。因为社会动荡则民不聊生，社会稳定则民富足安康。如果一个国家的政策法令朝令夕改、忽左忽右，老百姓就会无所适从，国家就会动乱不安；如果一个国家的政策法令能够得到坚定不移地贯彻执行，就会收到富国强兵之效。韩非子继承了老子的思想，并把它具体化。法数变带来的最大危害，就是产业的变动，产业的变动迫使操作者不断变换作业，改变技艺，结果就会丧失功效。产业变动的人数与丧失的功效成正比。人数越多，损失越大。韩非子量化了法数变的危害，具有更充分的说服力。

十八　天子犯法　庶民同罪

夫人臣之侵其主也，如地形焉，即渐以往[①]，使人主失端[②]，东西易面而不自知[③]。故先王立司南以端朝夕[④]。故明主使其群臣不游意于法之外[⑤]，不为惠于法之内，动无非法。峻法，所以禁过外私也[⑥]；严刑，所以遂令惩下也[⑦]。威不贰错[⑧]，制不共门[⑨]。威、制共，则众邪彰矣[⑩]；法不信，则君行危矣；刑不断，则邪不胜矣。故曰：巧匠目意中绳[⑪]，然必先以规矩为度[⑫]；上智捷举中事[⑬]，必以先王之法为比[⑭]。故绳直而枉木斫[⑮]，准夷而高科削[⑯]，权衡县而重益轻[⑰]，斗石设而多益少[⑱]。故以法治国，举措而已矣[⑲]。法不阿贵[⑳]，绳不挠曲[㉑]。法之所加，智者弗能辞，勇者弗敢争。刑过不避大臣[㉒]，赏善不遗匹夫。故矫上之失，诘下之邪[㉓]，治乱决缪[㉔]，绌羡齐非[㉕]，一民之轨[㉖]，莫如法。厉官威民[㉗]，退淫殆[㉘]，止诈伪，莫如刑。刑重，则不敢以贵易贱[㉙]；法审[㉚]，则上尊而不侵。上尊而不侵，则主强而守要，故先王贵之而传之。人主释法用私，则上下不别矣。

（《有度》）

【注释】

①即渐：逐渐。

②失端：失去头绪，迷失方向。

③东西易面：东西方位改变了。

④司南：古代测定方向的仪器。 端：正。

⑤游意：任意打主意。

⑥外：弃。

⑦遂令：贯彻命令。

⑧错：通“措”，置，引申为树立。

⑨制：权力。

⑩彰：这里指明目张胆，肆无忌惮。

⑪意：揣度。 中（zhòng）：合。 绳：木匠用的墨线。

⑫规：画圆的器具。 矩：画方的器具。

⑬中（zhòng）事：合乎要求。

⑭比：例证。

⑮枉：曲。 斫（zhuó）：砍削。

⑯准：量平的器具。 夷：平。 高科：凸出的部分。

⑰县：通“悬”。

⑱斗石：都是容量单位。十斗为一石，重一百二十斤。

⑲举措：处理，安排。举，提起来，升。措，降下去。

⑳阿（ē）：迎合，偏袒。

㉑挠：屈，引申为迁就。

㉒刑过：惩罚罪过。

㉓诘（jié）：追究。

㉔缪（miù）：通“谬”，谬误。

㉕绌：通“黜”（chù），削减。 羡：多余。

㉖轨：规则，规范。

㉗厉：整治。

㉘殆：通“怠”，怠惰。

㉙易：轻视。

㉚审：严明。

【译文】

臣子侵害君主，就像行路时的地形一样，由近及远，逐渐变化，使君主失去方向，东西方位改变了，自己却不知道。所以先王设置指南仪器来判断东西方位。所以明君不让他的群臣在法律之外乱打主意，也不允许在法令规定的范围内谋求利益，举动没有不合法的。严峻的法令是用来禁止犯罪、排除私欲的，严厉的刑法是用来贯彻法令、惩办臣下不轨行为的。威势不能分置，权力不能同享。威势权力与别人同享，奸臣就会公然滥用权力；执法不坚定，君主的行为处境就会危险；刑罚不果断，就不能战胜奸邪。所以说：巧匠目测合乎墨线，但必定先用规矩作标准；智力高者办事敏捷合乎要求，必定用先王的法度作依据。所以墨线直了，曲木就要砍直；水准器平了，高凸就要削平；秤具拎起，就要减重补轻；量具设好，就要减多补少。所以用法令治国，不过是制定出来、推行下去罢了。法令不偏袒权贵，墨绳不迁就弯曲。法令该制裁的，智者不能逃避，勇者不敢抗争。惩罚罪过不回避大臣，奖赏功劳不漏掉平民。所以矫正君主的过失，追究臣民的奸邪，治理纷乱，判断谬误，削减多余，纠正错误，统一民众的规范，没有比得上法律的。整治官吏，威慑民众，除去淫乱怠惰，禁止欺诈虚伪，没有比得上刑罚的。刑罚重了，就不敢因地位高轻视地位低的；法令严明，君主就尊贵不受侵害。尊贵不受侵害，君主就强劲而掌握权势。所以先王重法并传授下来。君主弃法用私，君臣之间就没有区别了。

扩展阅读

常出军[①]，行经麦中，令“士卒无败麦[②]，犯者死[③]”。骑士皆下马，付麦以相持。于是太祖马腾入麦中[④]，敕主簿议罪[⑤]。主簿对以《春秋》之义[⑥]，罚不加于尊。太祖曰：“制法而自犯之，何以帅下？然孤为军帅，不可自杀，请自刑。”因援剑割发以置地[⑦]。

（《三国志》裴松之注引）

【注释】

①出军：出兵。

②败：破坏。

③犯：违反。

④太祖：各个朝代的首位皇帝，这里指曹操。

⑤敕（chì）：帝王的命令。这里是命令的意思。　主簿：官名。掌置。各级主官属下掌管文书的佐吏。曹操称魏王时，杨修任曹操主簿。

⑥以：用。　《春秋》：鲁国的编年史，据传是由孔子修订的。

⑦割发：指髡（kūn），古代剃去男子须发的一种刑罚。

【译文】

有一次，曹操率军经过麦田，下令说：“士卒行军不要破坏地里的麦子，有违反的处死！”军中凡是骑马的人都下马，用手相互扶着麦子走。不料曹操的马竟然跳跃起来，窜进了麦地。曹操招来手下的主簿来论罪。主簿用《春秋》的典故应对说：自古刑法是不对尊贵的人使用的。曹操说：“自己制定的法律而自己违反，如何能统帅属下呢？然而我身为一军之帅，是不能够死的，请求对自己施予刑罚。”于是拿起剑来割断头发投掷在地上。

点评

法不阿贵的思想被认为是中国古代法治思想的精华，是对战国以前“刑不上大夫，礼不下庶人”贵族法权的批判，具有历史的进步意义。“矫上之失”“一民之轨”，更具法的平等观念，它是“法不阿贵”思想的进一步升华，体现了以法治国的思想，它排除“释法用私”的人治行为，不允许用法之外的个人意志处理政事，不允许用私心进行赏罚。由于历史条件的局限性，这些思想尽管难以真正兑现，但是，它在中国法治思想史上具有开创意义。曹操身为君主，能够抛开“法不加于尊”，将自己处以髡刑，来维护法律尊严，也是难能可贵的。

十九　不仁不忠　以法治国

古者有谚曰[①]：“为政犹沐也[②]，虽有弃发，必为之。”爱弃发之费而忘长发之利[③]，不知权者也[④]。夫弹痤者痛[⑤]，饮药者苦，为苦惫之故不弹痤饮药，则身不活，病不已矣。

今上下之接[⑥]，无子父之泽[⑦]，而欲以行义禁下[⑧]，则交必有郄矣[⑨]。且父母之于子也，产男则相贺，产女则杀之。此俱出父母之怀衽[⑩]，然男子受贺，女子杀之者，虑其后便，计之长利也。故父母之于子也，犹用计算之心以相待也，而况无父子之泽乎？

今学者之说人主也[⑪]，皆去求利之心，出相爱之道[⑫]，是求人主之过父母之亲也，此不熟于论恩，诈而诬也，故明主不受也。圣人之治也，审于法禁，法禁明著，则官治[⑬]；必于赏罚，赏罚不阿[⑭]，则民用[⑮]。民用官治则国富，国富则兵强，而霸王之业成矣。霸王者，人主之大利也。人主挟大利以听治[⑯]，故其任官者当能[⑰]，其赏罚无私。使士民明焉，尽力致死[⑱]，则功伐可立而爵禄可致[⑲]，爵禄致而富贵之业成矣。富贵者，人臣之大利也。人臣挟大利以从事，故其行危至死[20]，其力尽而不望[21]。此谓君不仁[22]，臣不忠[23]，则可以霸王矣。

（《六反》）

【注释】

①谚：谚语。

②犹：好比。　沐：洗头发。

③爱：爱惜，看重。　费：损耗。

④不知权：不懂得衡量利害得失。

⑤弹：古代一种用石针治病的方法。　痤（cuó）：痈。

⑥接：交接，相交。

⑦子父之泽：父子间的恩德。

⑧行义：通“行谊”，品德。

⑨郄：通“隙”，裂痕。

⑩怀衽（rèn）：怀抱。衽，衣襟。

⑪说（shuì）：进说，游说。

⑫出：挑出，选择。

⑬官治：官吏做好本职的事。

⑭阿：偏私。

⑮民用：民众听从使唤。

⑯听治：治理。

⑰当能：相称的能力。

⑱致死：拼命的意思。

⑲功伐：功劳。　爵：古代贵族的等级称号。　致：获得。

⑳行危：做危险的事。

㉑望：怨恨。

㉒君不仁：君主对臣不要行仁爱，而要严明赏罚，不循私情。

㉓臣不忠：臣下不为君主私心效忠，而是按法行事。

【译文】

古人有句谚语说：“执政好比洗头一样，即使有一些头发掉落，还是必须洗头。”看重掉头发的损耗，而忘记促使头发生长的好处，是不懂得权衡利弊的人。针刺痤疮是痛的，吃药是苦的。因为苦痛的缘故就不刺割痤疮和不吃药，就救不了命，治不了病。

现在君臣相结交，没有父子间的恩泽，却想用施行仁义去控制臣下，那么君臣之间的交往必定会出现裂痕。况且父母对于子女，生了男孩就互相祝贺，生了女孩就把她弄死。子女都出自父母的怀抱，然而是男孩就受到祝贺，是女孩就弄死的原因，是考虑到今后的利益，而从长远打算的。所以父母对于子女，尚且用计算利弊相对待，何况是对于没有父子间恩泽的人呢？

现在学者游说君主，都要君主抛弃求利的打算，而采用相爱的原则，这是要求君主有超过父母对于子女的亲情，这是对恩德问题的无知之谈，是谎言和欺诈，所以明君是不接受的。圣人治理国家，一是能详细地考察法律禁令，法律禁令彰明了，官府事务就会得到妥善治理；二是能坚决地实行赏罚，赏罚不出偏差，民众就会听从驱使。民众听从驱使，官府事务得到顺利完成，国家就富强；国家富强，兵力就强盛。结果，统一天下的大业也就随之完成了。统一天下，是君主最大的利益。君主怀着统一天下的目的来治理国家，所以他根据能力任用官员，实行赏罚没有私心。要让士人民众明白，为国家尽力拼死，功劳就可建立，爵禄就可获得；获得爵禄，富贵的事业就完成了。富贵是臣子最大的利益。臣子怀着取得富贵的目的来办事，所以他们会冒着生命危险办事，竭尽全力，死而无憾，这叫做君主不讲仁爱，臣下不讲对君主个人的忠心，就可以统一天下。

扩展阅读

子曰："为政以德[1]，譬如北辰[2]，居其所而众星共之[3]。"

子曰："道之以政[4]，齐之以刑[5]，民免而无耻[6]；道之以德，齐之以礼，有耻且格[7]。"

（《论语·为政》）

【注释】

①为政：治理国家；执掌国政。　以：用。此句是说统治者应以道德进行统治，即"德治"。

②北辰：北极星。

③所：处所，位置。　共（gǒng）：同"拱"，环绕的意思。

④道（dǎo）：通"导"，引导，疏导。　政：政令，政法。

⑤齐：规范，统制。

⑥民免而无耻：老百姓为了避免刑罚而无廉耻之心。免，幸免。

⑦格：纠正。含有归服、归化之意。

【译文】

孔子说："（周君）以道德教化来治理国家，就会像北极星那样，自己居于一定的方位，而群星都会环绕在它的周围。"

孔子说："用政令来引导人们，用刑罚来统治人们，老百姓为了避免刑罚而无廉耻之心；用道德来引导人们，用礼仪来规范人们，老百姓不但有廉耻之心而且人心归服。

点评

孔子的“为政以德”强调道德对政治生活的决定作用，主张以道德教化而非严刑峻法为治国的原则。这在理论上正确，在实践中还存在很大困难。针对儒家以德治国的缺憾，韩非子提出“君不仁，臣不忠”的“以法治国”。不仁就是不行仁爱行赏罚，不忠就是不向私人尽忠，而是尽力以法立功受赏。君臣都以法行事，不用私心交往。去掉仁慈之心，君主便不能行私惠，赏及无功；不能容忍奸邪，有罪不罚。君主个人欲望、意志应当受到法的约束，使其不能随心所欲。君臣真正做到以法律为准绳，称霸天下不是困难的事情。因为对一个国家的治理来说，法治与德治，从来都是相辅相成、相互促进的。二者缺一不可，也不可偏废。

二十　言信行果　威服三军

吴起[1]，卫左氏中人也[2]，使其妻织组而幅狭于度[3]。吴子使更之，其妻曰："诺[4]。"及成，复度之[5]，果不中度[6]，吴子大怒。其妻对曰："吾始经之而不可更也[7]。"吴子出之[8]。其妻请其兄而索入[9]。其兄曰："吴子，为法者也。其为法也，且欲以与万乘致功，必先践之妻妾，然后行之，子毋几索入矣[10]。"其妻之弟又重于卫君[11]，乃因以卫君之重请吴子。吴子不听，遂去卫而入荆也[12]。

（《外储说右上》）

【注释】

①吴起：战国初期卫国人，法家代表人物，杰出的军事家。

②左氏：卫国邑名，位于今山东曹县西北。　中：乡名或里名。

③组：丝织的带。　幅：宽度。　狭于度：比要求的尺度窄。

④诺：表示同意的回答。

⑤度：量。

⑥不中（zhòng）度：不符合要求的尺度。

⑦经：经线，拴在织布机上的竖线，编织物的纵线。

⑧出：休妻。

⑨索入：要求回去，即与吴起复婚。

⑩毋：不要。　几：通“冀”，希望。

⑪又：通“有”。

⑫去：离开。　荆：楚国的别名。

【译文】

吴起是卫国左氏邑中乡人，让他妻子织丝带，结果幅度比要求的尺度窄。吴起让她改一下，妻子说：“行。”等到织成，又量了量，结果还是不符合尺度，吴起非常生气。他妻子回答说：“我开头就把经线确定好了，不可以更改了。”吴起休掉了她。吴起妻子让哥哥去请求回去。她哥哥说：“吴起是制定法令的人，他制定法令，是想用来为大国建立功业。他必须首先在自己妻妾身上兑现，然后才能推行起来，你不要指望回去了。”吴起妻子的弟弟受卫君重用，企图凭着国君器重的身份去请求吴起。吴起不听，便离开卫国到楚国去了。

扩展阅读

昔吴起出遇故人，而止之食。故人曰："诺[①]。"起曰："待公而食。"故人至暮不来，起不食待之。明日早，令人求故人[②]，故人来，方与之食[③]。起之不食以俟者[④]，恐其自食其言也[⑤]。其为信若此[⑥]，宜其能服三军欤[⑦]？欲服三军，非信不可也。

（《龙门子凝道记》）

【注释】

①诺：答应，允许。

②令：派，使，让。

③方：才。

④之：代词，指老朋友。　俟（sì）：等待。

⑤恐：恐怕，担心。

⑥信：诚信。

⑦三军：古代所说的三军是指前、中、后三军，中军最尊，后为军队的通称。

【译文】

从前吴起外出遇到了老友，就留他吃饭。老友说："好啊。"吴起说："（我）会等待您一起进餐。"老友到了傍晚还没有来，吴起不吃饭而等候他。第二天早晨，（吴起）派人去找老友，老友来了，才同他一起进餐。吴起不吃饭而等候老友的原因，是怕自己说了话不算数啊。他坚守诚信到了如此程度，也就不奇怪他能使军队信服了。要使军队信服，（作为将领）不守信用是不行的。

点 评

吴妻织带两次不合要求，吴起在妻子不接受改织的情况下，做出了严厉制裁——休妻，体现了吴起执法必严的法治思想。乍一看来，吴起有点小题大作，一块布不合尺度，还可以改做它用，并不浪费。这样看问题，不是本故事的主题。这个故事的用意就在于以小喻大，以家喻国，讲的是一个法治思想。按规定的尺寸完成任务，叫守法，不合标准，叫违法。故事讲的是违法了怎么办。妻子犯了两个错误：两次违约织带，抗拒改织。这在家庭事小，在国家叫做违法抗上，问题当然严重，做出休妻惩罚并不过分。而吴起待客而食也说明了他具有“言必信，行必果”的讲信用、待人诚恳的可贵品质。

二十一　权衡得失　拒不受鱼

公仪休相鲁而嗜鱼①，一国尽争买鱼而献之，公仪子不受。其弟谏曰："夫子嗜鱼而不受者②，何也？"对曰："夫唯嗜鱼，故不受也。夫即受鱼③，必有下人之色④；有下人之色，将枉于法⑤；枉于法，则免于相。虽嗜鱼，此不必致我鱼，我又不能自给鱼⑥。即无受鱼而不免于相⑦，虽嗜鱼，我能长自给鱼。"此明夫恃人不如自恃也⑧，明于人之为己者，不如己之自为也⑨。

（《外储说右下》）

【注释】

①公仪休：人名，战国时鲁国博士。　相鲁：做鲁国的相。　嗜：爱好。

②夫子：对尊长的敬称。

③即：如果，假如。

④下人之色：迁就别人的神色。

⑤枉：歪曲，违背。

⑥给（jǐ）：供应。

⑦而：就。

⑧明：明白，懂得。　夫（fú）：那种。

⑨自为：自己靠自己。

【译文】

公仪休担任鲁相。他爱吃鱼，全城的人都争相买鱼进献给他。公仪休不收，他弟弟规劝说：“您爱吃鱼，却不收鱼，为什么？”公仪休回答说：“正因为爱吃鱼，我才不收。假如收了，一定要迁就他们才行；有迁就他们的表现，就会违背法令；违背法令就会罢免相位。这样一来，我即使爱吃鱼，他们也不一定再给我鱼，我也不能自己再买到鱼。假使不收鱼，因而不被免相，尽管再爱吃鱼，我也能够经常自己买到鱼。”这是懂得依靠别人不如依靠自己，靠别人相助，不如自己帮助自己的道理。

扩展阅读

陶公少时①，作鱼梁吏②，尝以坩鲊饷母③。母封鲊付使，反书责侃曰④：“汝为吏，以官物见饷⑤，非唯不益，乃增吾忧也。”

（《世说新语·贤媛》）

【注释】

①陶公：陶侃（公元259—公元334），字士行，东晋时期名将，大司马。著名诗人陶渊明的曾祖父。陶公是对陶侃的敬称。

②鱼梁吏：鱼梁，在水中筑堰用以捕鱼的一种装置。鱼梁吏，监察鱼梁事务的小官。

③坩（gān）：盛物的陶器。 鲊（zhǎ）：经过加工的鱼类食品，如腌鱼、糟鱼之类。 饷：赠送。 母：陶侃的母亲谌氏，古代四大贤母之一。

④反书：回信。

⑤官物：公家的东西。

【译文】

陶侃在青年时期做过鉴察鱼梁事务的小官，曾派人送一陶罐腌鱼给母亲。他母亲把原罐封好交给送来的人退还，同时附了一封信责备陶侃，说："你做小官，拿公家的东西来赠送给我，不但不能使我受益，还会增加我对你的担忧。"

点 评

这位公仪休是一位识大体、顾大局、有长远眼光的宰相。他能把个人嗜好同守法联系起来，把眼前利益同长远利益结合起来，把私事同公事区别开来，辨明了得失的哲理——"得"与"失"是相对的。暂时的"失"，可以换来永久的"得"；而一时的"得"，则会付出"失"的沉重代价。公仪休拒不受礼索鱼，尽到了一个为官者的本分，这是难能可贵的。这种好吃鱼而又不忘守法的精神是所有官吏们的榜样。鱼者，欲也。欲望面前需考量的不仅是名利得失，还有道德素养。相较起来，陶母谌氏以一介女流，高见卓识，用自己的实际行动告诫儿子为官要公正廉洁，公私分明，亦是巾帼不让须眉。

二十二　明将圣相　起于下层

徐渠问田鸠曰[①]："臣闻智士不袭下而遇君[②]，圣人不见功而接上[③]。今阳城义渠[④]，明将也[⑤]，而措于屯伯[⑥]；公孙亶回[⑦]，圣相也[⑧]，而关于州部[⑨]，何哉？"田鸠曰："此无他故异物[⑩]，主有度、上有术之故也[⑪]。且足下独不闻楚将宋觚而失其政[⑫]，魏相冯离而亡其国[⑬]？二君者驱于声词，眩乎辩说[⑭]，不试于屯伯[⑮]，不关乎州部，故有失政亡国之患。由是观之，夫无屯伯之试，州部之关，岂明主之备哉！"

（《问田》）

【注释】

①徐渠：人名，生平不详。　田鸠（jiū）：一作田俅（qiú），齐国人，墨家人物。

②袭下：指从低级职务起，按级上升。袭，层层上加。　遇：礼遇，赏识。

③见：同“现”，表现，显示。　接：接待。

④阳城义渠：人名。

⑤明将：英明的将领。

⑥措：安置。　屯伯：即屯长，军队中五人设一屯长。

⑦公孙亶（dǎn）回：人名。

⑧圣相：杰出的相国。

⑨关：措置，安排。　州部：当时的一种基层行政单位。

⑩他故：别的原因。　异物：这里与“他故”同义。物，事。

⑪度：法度。　术：指君主使用、驾驭各级官吏的措施和手段。

⑫足下：对人的尊称。　宋觚（gū）：人名。

⑬冯离：人名。

⑭眩：迷惑。　乎：于。

⑮试：试验，考验。

【译文】

徐渠问田鸠说：“我听说智士不用历任低级职务就能被君主赏识，圣人不用显示出成绩就能被君主接纳。现在的阳城义渠是个英明的将领，可他曾被安排做过小官；公孙亶回是个杰出的相国，也安排做过地方官，为什么呢？”田鸠说：“这没有别的原因，就因为君主掌握了法和术的缘故。您难道没听说楚国任用宋觚为将而使国事败坏，魏国任用冯离为相而使国家危亡的事情吗？楚、魏两国的君主被动听的言辞所驱使，被花言巧语所迷惑，不在屯长这样的低级职务中去试用他们，不安排在州部这样的基层机构中去考验他们，所以才有作战败北和国家危亡的祸患。由此看来，那种不经过低级职务的试用，不经过基层机构的安排考验，难道是英明君主任用官吏的办法吗！”

扩展阅读

孟子曰：“舜发于畎亩之中[①]，傅说举于版筑之间[②]，胶鬲举于鱼盐之中[③]，管夷吾举于士[④]，孙叔敖举于海[⑤]，百里奚举于市[⑥]。故天将降大任于斯人也[⑦]，必先苦其心志[⑧]，劳其筋骨[⑨]，饿其体肤[⑩]，空乏其身[⑪]，行拂乱其所为[⑫]，所以动心忍性[⑬]，曾益其所不能。人恒过[⑭]，然后能改。困于心[⑮]，衡于虑[⑯]，而后作[⑰]；征于色[⑱]，发于声[⑲]，而后喻[⑳]。入则无法家拂士[㉑]，出则无敌国外患者，国恒亡。然后知生于忧患，而死于安乐也。”

（《孟子·告子下》）

【注释】

①舜：传说中的远古帝王。　发：起，指被任用。　畎亩：田间，田地。

②傅说（yuè）：傅说原在傅岩为人筑墙，因以傅为姓，殷王武丁用他为相。　举：任用，选拔，这里是被选拔的意思。　版筑：筑墙的时候在两块夹板中间放土，用杵捣土。

③胶鬲：殷商时人，起初隐居在商地，以贩卖鱼、盐为业。

④管夷吾：管仲，字夷吾。管仲原为齐国公子纠的臣，公子小白（齐桓公）和公子纠争夺君位，纠失败了，管仲作为罪人被押解回国，齐桓公知道他有才能，即用他为相。　举于士：从狱官手里释放出来并得到任用。

⑤孙叔敖：春秋时期楚国人，隐居海滨。

⑥百里奚：春秋时期虞国大夫。虞亡后被俘，由晋入秦，又逃到楚。后来秦穆公用五张羊皮把他赎出来，用为大夫。所以说举于市（集市）。

⑦任：责任，使命。

⑧苦其心志：使他的思想痛苦。心志，思想。

⑨劳其筋骨：使他的筋骨（身体）劳累。

⑩饿其体肤：使他经受饥饿（之苦）。

⑪空乏：资财缺乏。这里是动词，使他受到贫困之苦。

⑫拂：违背。 乱：扰乱。

⑬所以：用这些来。 动：惊动，震撼。 忍：坚韧。

⑭恒：常。 过：犯错。

⑮困于心：内心困苦。

⑯衡于虑：思虑阻塞。衡，通“横”，梗塞、不顺。

⑰作：奋起，指有所作为。

⑱征：征验，此处有表现的意思。

⑲发于声：吟咏叹息之气发于声音。

⑳喻：明白，了解。

㉑法家：守法度的大臣。 拂（bì）：通“弼”，辅佐。

【译文】

舜从田间地头被任用，傅说从筑墙的泥水匠中被选拔，胶鬲从鱼盐贩中被举用，管仲从狱官手里获释被录用为相，孙叔敖从隐居海边进了朝廷，百里奚从市井之间登上了相位。所以，上天将要下达重大的使命给这个人，一定要先使他的内心痛苦，使他的筋骨劳累，使他经受饥饿之苦，使他资财缺乏，使他事事不顺遂，通过这些使他的内心惊动，使他的性格坚强起来，增加他所不具有的能力。一个人常常犯错误，这样以后才能改正；内心忧困，思绪阻塞，然后才能有所作为；一个人奋发进取的想法只有从脸上显露出来，在吟咏叹息中表现出来，然后才能被人们所了解。国内没有坚持法度和辅佐君王的贤士，国外没有与之匹敌的国家和外来的祸患，国家常常会灭亡。这样之后，人们才会明白忧愁祸患使人生存发展，安逸享乐使人萎靡死亡。

点评

将相为百官之首，关乎军政兴旺、法治的实行、国家的存亡，是择臣用人的首要问题。将军要从下层军官中逐级选拔，宰相应从地方官吏中提升。由于他们有下层办事的实践经验，所以能准确下达各种禁令，何时能完成，完成的效率如何，他们都能心中有数，绝少能蒙混过关。他们出自下层，所以能对百姓体察疾苦，休戚与共；对下属知人善任，权衡利害，做到以法治军、以法治吏。

二十三 信赏必罚 莫敢饰诈

晋文公问于狐偃曰[1]：“寡人甘肥周于堂[2]，卮酒豆肉集于宫[3]，壶酒不清，生肉不布[4]，杀一牛遍于国中，一岁之功尽以衣士卒，其足以战民乎[5]？”狐子曰：“不足。”文公曰：“吾弛关市之征而缓刑罚[6]，其足以战民乎？”狐子曰：“不足。”文公曰：“吾民之有丧资者[7]，寡人亲使郎中视事，有罪者赦之，贫穷不足者与之[8]，其足以战民乎？”狐子对曰：“不足。此皆所以慎产也[9]；而战之者，杀之也。民之从公也，为慎产也，公因而迎杀之[10]，失所以为从公矣。”曰：“然则何如足以战民乎？”狐子对曰：“令无得不战。”公曰：“无得不战奈何？”狐子对曰：“信赏必罚[11]，其足以战。”公曰：“刑罚之极安至[12]？”对曰：“不辟亲贵[13]，法及所爱[14]。”文公曰：“善。”明日令田于圃陆[15]，期以日中为期，后期者行军法焉。于是公有所爱者曰颠颉后期[16]，吏请其罪，文公陨涕而忧[17]。吏曰：“请用事焉。”遂斩颠颉之脊[18]，以徇百姓[19]，以明法之信也。而后百姓皆惧曰：“君于颠颉之贵重如彼甚也[20]，而君犹行法焉，况于我则何有矣。”文公见民之可战也，于是遂兴兵伐原[21]，克之。伐卫[22]，东其亩[23]，取五鹿[24]。攻阳[25]。胜虢[26]。伐曹[27]。南围郑[28]，反之陴[29]。罢宋围[30]。还与荆人战城濮[31]，大败荆人[32]。返为践土之盟[33]，遂成衡雍之义[34]。一举而八有功。所以然者，无他故异物[35]，从狐偃之谋，假颠颉之脊也[36]。

（《外储说右上》）

【注释】

①晋文公：名重耳，晋国君主，春秋五霸之一。　狐偃（yǎn）：字子犯，晋文公的舅父，又叫舅犯。他曾帮助晋文公建成霸业。

②甘肥：甜的、肥的，指美味的东西。　周：遍。　堂：朝堂，指朝廷。

③卮酒豆肉：形容酒肉不多。豆，盛肉的器皿，形似高脚盘。

④布：陈放。

⑤战民：让民众作战。

⑥弛：放松。　关市：城关和集市。　征：税收。

⑦丧资者：失去财产的人。

⑧与之：布施衣食给他们。

⑨慎：通“顺”。

⑩迎：逆，违反。

⑪信赏必罚：有功必赏，有罪必罚。

⑫极：指最高原则。

⑬辟：通“避”。

⑭及：触及。

⑮田：打猎，围猎，古代常用田猎作为军事演习。　圃陆：即被庐，晋国地名。

⑯颠颉（xié）：人名，晋国大臣，曾追随晋文公在外流亡十九年。据《左传》僖（xī）公二十八年记载，他是因违令烧掉了曹国臣子僖负羁的家而被杀的，与这里的记载不同。

⑰陨（yǔn）涕：落泪。　忧：伤心，忧愁。

⑱斩颠颉之脊：砍断颠颉的脊梁，指用腰斩的刑罚杀死颠颉。脊，脊梁。

⑲徇（xùn）：示众。

⑳彼：那样。

㉑原：诸侯国名，位于今河南济源西北。

㉒卫：诸侯国名。姬姓。领地在今河南淇县一带。

㉓东其亩：将卫国原来的田亩阡陌方向改为东西向，以利于晋国兵车的东行。

㉔五鹿：卫国地名，位于今河南清丰西北。

㉕阳：指阳樊，地名，位于今河南济源东南。

㉖虢（guó）：诸侯国名。姬姓。位于今河南郑州西北。

㉗曹：诸侯国名。姬姓。位于今山东定陶西。

㉘郑：诸侯国名。姬姓。位于今河南中部，黄河以南部分地区。

㉙反：推倒，破坏。　陴（pí）：城墙上有洞眼的矮墙。

㉚罢：解除。　宋：诸侯国名。子姓。位于今河南、山东、江苏、安徽交界一带。

㉛还：回头。　战城濮：公元前632年，晋文公与前来援救曹、卫的楚军在城濮大战。晋军齐心协力，先引兵后退，然后伏击楚军，取得胜利。这是晋文公建立霸业的一次重要战争。城濮，卫国地名，位于今山东濮县南。

㉜荆人：指楚军。楚，古国名。芈（mǐ）姓。位于今湖北荆山一带。

㉝为践土之盟：城濮大战后，晋文公进军衡雍，在践土大会诸侯，被推为盟主。践土，郑国地名，位于今河南武陟东南。

㉞衡雍：一作河雍，郑国地名，位于今河南原阳西南。义：结盟，指晋文公和郑伯在衡雍结盟。

㉟他故异物：其他原因。

㊱假：借。

【译文】

晋文公向狐偃询问道："我把美味甘食遍赐朝中臣子，只留少量的酒肉放在宫内。酒酿成后尚未澄清就给大家饮，鲜肉未经存放就煮给大家吃，杀一头牛也要普遍分给国人，一年织成的布都给士兵做衣服穿，这足以使民众为我打仗了吧？"狐偃说："还不行。"文公说："我的民众有丧失财产的，我亲自派遣郎中去查看；对有罪的人予以赦免，对贫穷的人布施恩惠。这足以使民众为我打仗了吧？"狐偃回答说："还不行。这些都是满足民众生存需求的办法，而要他们打仗，等于要杀死他们。民众追随您，是为了顺顺当当地活着，您却违反他们的意愿让他们去战场上送死，也就失去了民众跟从您的理由。"文公说："那么，要怎样做才足以使民众为我打仗呢？"狐偃说："使他们不得不去打仗。"文公说："不得不去打仗怎么讲呢？"狐偃回答说："有功必赏，有罪必罚，大概足以使他们打仗了。"文公说："怎样达到刑罚的最高境界呢？"狐偃回答说："刑罚不避开亲近和显贵的人，法治实施到你宠爱的人。"文公说："好。"第二天，文公下令在圃陆打猎，约定以中午为期限，迟到的按军法处置。这时有个文公爱重、名叫颠颉的人迟到了，执法官吏请君主定他的罪，文公掉着眼泪，很是为难。执法官吏说："请让我对他用刑。"于是腰斩了颠颉，并向百姓陈尸，用来表明有法必依。此后百姓都非常害怕，说："国君对颠颉的爱重是那么深切，尚且按法治罪，何况对我们，有什么值得留情的呢。”文公见百姓可用以打仗了，于是就起兵攻打原国，战胜了对方。攻打卫国，让卫国的田间小路方向改为东西向，以便通行顺利，占领了五鹿地区。攻取阳樊。战胜虢国。讨伐曹国。向南围困郑国，破坏了郑国的城垛。解除对宋国的包围。回兵和楚军在城濮交战，大败楚军。班师北上，主持了在践土举行的盟会；接着又完成了衡雍的结盟。一下子就建立了八项功业。之所以能够这样，没有其他原因，是听从了狐偃的主张，借用了颠颉的脊梁的缘故。

扩展阅读

齐威王召即墨大夫[①]，语之曰：“自子之居即墨也，毁言日至。然吾使人视即墨，田野辟[②]，人民给[③]，官无事，东方以宁；是子不事吾左右以求助也！”封之万家。召阿大夫[④]，语之曰：“自子守阿，誉言日至。吾使人视阿，田野不辟，人民贫馁[⑤]。昔日赵攻鄄[⑥]，子不救；卫取薛陵[⑦]，子不知；是子厚币事吾左右以求誉也！”是日，烹阿大夫及左右尝誉者。于是群臣耸惧[⑧]，莫敢饰诈，务尽其情[⑨]，齐国大治，强于天下。

（《资治通鉴·卷一》）

【注释】

①即墨：地名，即今山东即墨。

②辟：开辟，开垦。

③给：丰足。

④阿：地名，即今山东东阿。

⑤馁（něi）：饥饿。

⑥鄄（juàn）：鄄城，齐国地名，在今山东。

⑦薛陵：齐国地名，在今山东。

⑧耸：通“悚”，恐惧。

⑨情：实情。

【译文】

齐威王召见即墨大夫，对他说：“自从你到即墨任官，每天都有指责你的话传来。然而我派人去即墨察看，却是田土开辟整治，百姓丰足，官府无事，东方因而十分安定。于是我知道这是你不巴结我的左右内臣谋求内援的缘故。”便封赐即墨大夫享用一万户的俸禄。齐威王又召见阿地大夫，对他说：“自从你到阿地镇守，每天都有称赞你的好话传来。但我派人前去察看阿地，只见田地荒芜，百姓贫困饥饿。当初赵国攻打鄄地，你不救；卫国夺取薛陵，你不知道；于是我知道你用重金来买通我的左右近臣以求替你说好话！”当天，齐威王下令烹死阿地大夫及替他说好话的左右近臣。于是臣僚们毛骨悚然，不敢再弄虚假，都尽力做实事，齐国因此大治，成为天下最强盛的国家。

点评

信赏必罚是治国的基础。对于那些为民谋利、富民强国的清官，就应该封侯拜相；对于那些祸国殃民、鱼肉百姓的奸臣，就应该刑之以法。民心向背的前提就是信赏必罚。特别是亲贵犯法不能回避，必须触及违法的爱臣。民众看到执法公正无私，亲贵无赦，感受到巨大的威慑力量，使他们不得不服从号令，不得不去应征作战，作战时又不得不拼死尽力，争立战功。民众可用，是取信的结果。

二十四　信誉胜鼎　子罕拒宝

齐伐鲁[①]，索谗鼎[②]，鲁以其雁往[③]。齐人曰："雁也。"鲁人曰："真也。"齐曰："使乐正子春来[④]，吾将听子[⑤]。"鲁君请乐正子春，乐正子春曰："胡不以其真往也[⑥]？"君曰："我爱之。"答曰："臣亦爱臣之信[⑦]。"

（《说林下》）

【注释】

①鲁：诸侯国名，姬姓。范围包括今山东南部和河南、江苏部分地区。

②谗鼎：鼎名。

③雁：通"赝"（yàn），假的。

④乐正子春：春秋时鲁国人，以官为姓，曾参的门徒。

⑤子：你，指送鼎的鲁国人。

⑥胡：何，为什么。

⑦信：指乐正的信誉。

【译文】

齐国讨伐鲁国，索要谗鼎，鲁国就把赝品送去了。齐人说："这是赝品。"鲁人说："是真的。"齐人说："叫乐正子春来证明，我就相信你。"鲁君请来乐正子春，乐正子春说："为什么不把真的送去？"鲁君说："我喜爱谗鼎。"乐正子春回答说："我也爱惜我的信誉。"

扩展阅读

宋人或得玉[①]，献诸子罕[②]。子罕弗受[③]。献玉者曰："以示玉人[④]，玉人以为宝也，故敢献之。"子罕曰："我以不贪为宝，尔以玉为宝[⑤]。若以与我[⑥]，皆丧宝也，不若人有其宝[⑦]。"稽首而告曰[⑧]："小人怀璧，不可以越乡，纳此以请死也。"子罕置诸其里[⑨]，使玉人为之攻之[⑩]，富而后使复其所。

（《左传》）

【注释】

①或：有人。

②子罕：人名，春秋时官员，宋国国相，又名乐喜。

③弗：不。

④示：看。　玉人：从事玉石加工的匠人。

⑤尔：你。

⑥若：假如。

⑦人有其宝：各人保有自己的宝物。

⑧稽（qǐ）首而告：献玉人跪拜着陈述。稽首，跪拜。

⑨置诸其里：把献玉人安置在自己的住所。里，居住的地方。

⑩攻：整治，雕琢。

【译文】

宋国有人得了块玉，拿去献给当权的宋国司城子罕。子罕没有接受。献玉的人说："给做玉器的师傅看过，说是件宝物，才敢贡献的。"子罕说："我以不贪心作为宝，你以宝玉作为宝。我若是收下你这块玉，我们都失去了自己的宝物，还不如各人留着各自的宝物好啊！”那人听后跪下磕头，说：“我是个小小老百姓，藏着这么贵重的宝物，不敢穿越乡里，献给您是为了免于一死啊。”子罕把玉放置在自己居住的地方，派玉人替自己雕琢、加工，使献玉者富裕后，才让他回到他的居所。

点评

鲁国君主拿赝品骗人，他是要鼎不要信誉。乐正子春主张把真品拿出来送人，理由是鉴定专家不撒谎，爱信誉胜于爱鼎。人无信不立，鲁君爱物不爱信誉，首先失掉了人格，他将不被人信任。相比起来，子罕则是爱惜名誉胜于一切了。子罕之所以拒绝美玉，就是因为他认为人世间最珍贵的是廉洁的品格。政府官员要是都有子罕这样洁身自好、不贪钱财的品德，那社会就清明得多了。

二十五　士人受鼓　赴汤蹈火

越王勾践见怒蛙而式之[1]。御者曰[2]："何为式？"王曰："蛙有气如此，可无为式乎？"士人闻之曰[3]："蛙有气，王犹为式，况士人之有勇者乎！"是岁，人有自刭死以其头献者[4]。故越王将复吴而试其教[5]，燔台而鼓之[6]，使民赴火者，赏在火也；临江而鼓之，使人赴水者，赏在水也；临战而使人绝头刳腹而无顾心者[7]，赏在兵也[8]。又况据法而进贤，其劝甚此矣。

（《内储说上》）

【注释】

①越：古国名。姬姓。位于今江苏、安徽、江西、浙江之间地区。　勾践：春秋末越国君主。公元前496—前465年在位。曾被吴王夫差战败。后发愤图强，严明赏罚，一举灭吴，成为春秋末新霸主。　怒蛙：肚子膨胀起来的蛙，似怒，故名。　式：致敬。式又作“轼”，古代车厢前面作扶手的横木，敬礼时俯身凭轼。

②御者：驾驭车马的人。

③士人：指武士。

④自刭（jǐng）：自刎。刭，用刀割脖子。

⑤复吴：向吴国复仇。吴，古国名。姬姓。位于今江苏、上海大部、浙江的一部。

⑥燔（fán）：焚烧。　台：用土筑成的一种高建筑物，可供游赏观望。　鼓之：击鼓令人前进。

⑦刳（kū）：剖。　顾心：反顾之心。

⑧赏在兵：临到战争时能使人们断头剖腹而没有回头的心意，是因为作战有赏。

【译文】

越王勾践看见一只怒蛙，就向它凭轼致敬。车夫说：“干嘛要凭轼致敬？”越王说：“青蛙这般气势汹汹，怎么可以不向它凭轼致敬呢？”武士们听到后说：“青蛙气势汹汹，作为王尚且向它致敬，何况勇敢的武士呢！”这一年，有人自刎后将头献给越王。所以越王准备向吴国复仇，就试行这样的教育。放火焚烧高台后，击鼓令人前进，使人冲到火里的原因，是进火有赏；靠近江边后，击鼓令人前进，使人冲向水中的原因，是进水有赏；临作战时，使人断头剖腹而义无返顾的原因，是作战有赏。又何况根据法制任用贤人，它的鼓舞作用就比这些更进一层了。

扩展阅读

庄襄王即位三年，薨[①]，太子政立为王，尊吕不韦为相国，号称“仲父”[②]。秦王年少，太后时时窃私通吕不韦，吕不韦家僮万人。当是时，魏有信陵君，楚有春申君，赵有平原君，齐有孟尝君，皆下士喜宾客以相倾[③]。吕不韦以秦之强，羞不如，亦招致士，厚遇之，至食客三千人。是时诸侯多辩士，如荀卿之徒，著书布天下。吕不韦乃使其客人人著所闻，集论以为八览、六论、十二纪，二十余万言。以为备天地万物古今之事，号曰《吕氏春秋》。布咸阳市门，悬千金其上，延诸侯游士宾客有能增损一字者予千金[④]。

（《史记·吕不韦列传》）

【注释】

①薨（hōng）：古代称诸侯或有爵位的大官死去。

②仲父：亚父，仅次于父。

③下士：谦恭有礼地对待士人。　倾：超越，压倒。

④延：请，引进。　损：这里指删除，删掉。

【译文】

庄襄王即位三年之后死去，太子嬴政继立为秦王，尊奉吕不韦为相国，称他为“仲父”。秦王年纪还小，太后常常和吕不韦私通。吕不韦家有奴仆万人。那个时候，魏国有信陵君，楚国有春申君，赵国有平原君，齐国有孟尝君，他们都礼贤下士，喜欢结交宾客，互相争个高下。吕不韦认为秦国如此强大，自己却不如他们，这是一件羞愧的事，所以他也招来了文人学士，给他们优厚的待遇，门客达到三千人。那时各诸侯国有许多才辩之士，如荀卿那些人，他们著书立说，流布天下。吕不韦就命他的门客各自记下自己的所见所闻，综合编辑在一起分为八览、六论、十二纪，共二十多万字。吕不韦认为其中包括了天地万物古往今来的事，便号称《吕氏春秋》。他将《吕氏春秋》公布在咸阳的城门，在上面悬挂一千金，请诸侯各国的游士、宾客前来观看，若有人能增删一个字，就给予一千金的奖励。

点评

勾践向怒蛙致敬，是一种驭下之术。他懂得民气可用，便向生气的蛙敬礼，以示尊重，由此可以鼓舞民气。经过鼓励，民争相赴汤蹈火。据史籍记载，吴、越交战，越国敢死队百人，冲至吴阵前，全部剖腹自杀，十分壮烈，使得吴军阵势大乱，全军溃败。吕不韦拿一千金作为“增损一字”的奖赏，不仅表现出自信，而且可以鼓励“游士宾客”对该书提出意见，使《吕氏春秋》精益求精，广布天下。

二十六　狐豹之死　罪于皮美

翟人有献丰狐、玄豹之皮于晋文公①。文公受客皮而叹曰："此以皮之美自为罪。"夫治国者以名号为罪②，徐偃王是也③；以城与地为罪，虞、虢是也④。故曰："罪莫大于可欲⑤。"

（《喻老》）

【注释】

①翟：通"狄"，古代北方的一个少数民族。　丰：大。　玄：带赤的黑色。　晋文公：名重耳，献公的庶子，因受后母骊姬迫害，曾出奔到狄。又流亡至曹、卫、楚等国。后在秦穆公帮助下回国执政。

②夫（fú）：发语词。

③徐偃（yǎn）王：名诞，徐国的君主。周穆王时人，以“仁义”治国，自称得天瑞而称王，周穆王命楚国把徐国灭掉。这里是说徐偃王有仁义的美名，而且称王，因此招来灾祸。

④虞：春秋时诸侯国名。姬姓。位于今山西平陆东北。虢（guó）：春秋时诸侯国名，姬姓。位于今河南陕县。虞、虢地处晋国南边，是晋国向南扩张的必经之路。公元前655年，晋献公向虞国借道，攻灭虢国，回国后，又出兵灭掉虞国。

⑤可欲：可以引起欲望。这句话见《老子》河上公注本四十六章。

【译文】

有个翟人把大狐、黑豹的皮进献给晋文公。文公接受客人的兽皮后感叹道：“狐豹因为皮美给自己带来了祸害。”国君因为名号而带来祸害的，徐偃王就属于这种情况；因城池与土地造成祸害的，虞、虢就属于这种情况。所以《老子》说：“罪过中没有比可以引起欲望的东西更大的了。”

扩展阅读

夫君子之行[①]，静以修身，俭以养德。非淡泊无以明志，非宁静无以致远[②]。夫学须静也，才须学也。非学无以广才[③]，非志无以成学。淫慢则不能励精[④]，险躁则不能治性[⑤]。

年与时驰[⑥]，意与日去，遂成枯落[⑦]，多不接世[⑧]，悲守穷庐，将复何及[⑨]！

（《诫子书》）

【注释】

①行：操守、品德。

②宁静：这里指安静，集中精神。　致远：实现远大的志向。

③广：增长、拓宽。

④淫慢：过度享乐，怠慢懒惰。慢，怠惰。　励精：奋勉，振奋。

⑤险躁：偏狭暴躁。　治性：“治”通“冶”，陶冶性情。

⑥驰：逝去，消失。

⑦枯落：像枯叶一样凋零，比喻韶华逝去。

⑨接世：有“用世”之意，对社会有贡献。

⑩及：来得及，赶得上。

【译文】

君子的操守，应该恬静以修养身心，俭朴以培养品德。不看淡功名利禄就不能明确自己的志向，不平和宁静就不能实现远大志向。学习必须专心致志，增长才智必须刻苦学习。不刻苦学习就不能增长才干，不立志就不能在学习上取得成功。沉迷享乐、怠慢懒惰就不能励精求进，偏狭暴躁就不能陶冶性情。

年华随着光阴渐渐逝去，意志也随着岁月消磨，于是渐渐成了干枯落飘零的落叶，大多对社会没有任何贡献，可悲地守着贫寒的房屋，空虚叹息，那时后悔哪里还来得及！

点评

淡泊名利，宁静致远，是君子的操守、德行，也是修善自身、涵养品德的必备之德。而欲望不止，则是灾祸的根源。名与利皆人之欲望。人皆有欲望，有人能做到适可而止，有人却不知足，到了贪得无厌的地步，离灭亡也就不远了。对于君主而言，违背了名实相符的原则，它的国家不亡则乱。

二十七　滥竽充数　鱼目混珠

齐宣王使人吹竽①，必三百人。南郭处士请为王吹竽②，宣王说之③，廪食以数百人④。宣王死，湣王立⑤，好一一听之，处士逃。

（《内储说上》）

【注释】

①齐宣王：名辟彊，战国时齐国君主。　竽：古代用竹制成的一种乐器，形状像笙。

②南郭：复姓。　处士：隐居不做官的读书人。

③说：通“悦”，高兴。

④廪（lǐn）食以数百人：有几百人享受着由官仓供应俸粮的

待遇。廪食，由官仓供给粮食。廪，米仓。

⑤湣王：指齐湣王，名地，战国时齐国君主。

【译文】

齐宣王让人给他吹竽听，每次必得三百人合吹。有个姓南郭的先生请求给齐王吹竽，齐宣王便很高兴地答应了他的请求，发给他的薪水跟那几百人的一样。齐宣王死后，湣王即位，他喜欢吹竽者一个一个地为他吹，本来不会吹竽的南郭先生便逃掉了。

扩展阅读

胡粉投火中[①]，色坏还为铅。冰雪得温汤[②]，解释成太玄[③]。金以砂为主[④]，禀和于水银[⑤]。变化由其真，终始自相因。欲作伏食仙，宜以同类者，植禾当以谷，覆鸡用其卵[⑥]。以类辅自然，物成易陶冶。鱼目岂为珠？蓬蒿不成槚[⑦]。类同者相从，事乖不成宝[⑧]。燕雀不生凤，狐兔不乳马。水流不炎上[⑨]，火动不润下[⑩]。

（《周易参同契·同类合体章》）

【注释】

①胡粉：也称铅粉，色白，加碳在高温下还原为铅。

②温：热水。　汤：开水。

③解释：消融，松散。　太玄：水。

④金：白金，死水银。　砂：朱砂。

⑤禀和：禀性相合。

⑥覆：通“孵”（fū），孵化。

⑦蓬蒿：即茼蒿，一种旱本植物，可食，亦可入药。　槚（jiǎ）：楸树，也是茶树的古称。

⑧乖：背离，违背，不和谐。

⑨炎上：《说文》："火曰炎上。"火焰向上燃烧。

⑩润下：《说文》："水曰润下。"水流向下滋润。

【译文】

胡粉投入火中，白色的胡粉，变成灰黑色的铅。冰雪遇见温水或者开水之热，消融成水。白金以朱砂为主进行烧炼，可以与水银禀性相合。胡粉、冰雪、白金之所以有这样的变化，是由于它自身的内在根据，开始和结果互为因果。想通过服食丹药来成仙，应该用体内同类的东西。种植谷物当用谷物，孵小鸡当用鸡蛋。以同类之物相辅自然，才能陶冶出丹药。鱼目岂能混同于珍珠？蓬蒿绝不会像楸树那样高大挺拔。同类之物才会相从，违背事理则难以成宝。所以，燕子和麻雀不能生凤凰，狐狸和兔子不乳养马驹。水流向下滋润而不会向上燃烧，火焰向上燃烧而不能向下滋润。

点评

南郭先生无才无德，只会投机取巧，招摇撞骗，令人生厌，成为反面教材。可是骗子有空子可钻，就在于君主驭臣乏术，只知汇聚群言，不懂"一一听之"的听言方法，因此让一些骗子蒙混过关。所以用人重在考察个人能力和工作效率。骗子虽然能蒙混一时，却不能蒙混一世，其谎言骗行终究会被揭穿，公之于世。鱼目再大再亮也不可能和珍珠一样耀眼于世。所以，人须有真才实学，方能自立于世。

二十八　言而有信　身教甚重

曾子之妻之市[1]，其子随之而泣。其母曰："女还[2]，顾反为女杀彘[3]。"适市来[4]，曾子欲捕彘杀之。妻止之曰："特与婴儿戏耳[5]。"曾子曰："婴儿非与戏也[6]。婴儿非有知也，待父母而学者也，听父母之教。今子欺之，是教子欺也。母欺子，子而不信其母，非以成教也[7]。"遂烹彘也。

（《外储说左上》）

【注释】

①曾子：指曾参，春秋时鲁国人，孔丘的门徒。

②女：通“汝”，你。
③顾：与“返”同义。反：同“返”。彘（zhì）：猪。
④适市来：刚从集市上回来。适，刚才。
⑤特：不过，只是。
⑥非与戏：不是开玩笑的对象。
⑦以：用。成教：进行教育。

【译文】

曾子的妻子上集市去，小儿子跟在后面哭喊。孩子母亲说：“你回去，等我回来给你杀猪吃。”她去集市回来，曾子打算抓猪来杀。妻子阻止说：“不过是和小孩开玩笑罢了。”曾子说：“小孩可不是开玩笑的对象。小孩没什么才智，要靠父母作出榜样才会跟着学，完全听从父母的教诲。现在你欺骗了他，也就是教儿子学会骗人。做母亲的欺骗孩子，孩子就不相信母亲了，这不是教育儿子的方法。”于是就把猪杀掉煮了。

扩展阅读

“……今有孝如曾参[①]，廉如伯夷[②]，信如尾生[③]。得此三人者以事大王，何若？”王曰：“足矣。”苏秦曰：“孝如曾参，义不离其亲一宿于外，王又安能使之步行千里而事弱燕之危王哉？廉如伯夷，义不为孤竹君之嗣[④]，不肯为武王臣，不受封侯而饿死首阳山下。有廉如此，王又安能使之步行千里而行进取于齐哉？信如尾生，与女子期于梁下[⑤]，女子不来，水至不去，抱柱而死。有信如此，王又安能使之步行千里却齐之强兵哉？臣所谓以忠信得罪于上者也。”

（《史记·苏秦列传》）

【注释】

①曾参：曾子，春秋末年鲁国人，拜孔子为师，以孝著称。

②伯夷：商末孤竹君之长子。

③尾生：出自《庄子·盗跖》："尾生与女子期于梁（桥）下，女子不来，水至不去，抱梁柱而死。"

④嗣：继承人。

⑤期：约定的时间，这里引申为约会。　梁：这里指桥。

【译文】

现在假如有像曾参一样孝顺，像伯夷一样廉洁，像尾生一样守信的人，让这样三种人去为大王效力，您认为怎样？"燕王说："足够了。"苏秦说："像曾参一样孝顺，绝不离开父母而在外面住宿一夜，大王又怎能让他步行千里来到弱小的燕国，侍奉处在危困中的国君呢？像伯夷一样廉洁，绝不作孤竹君的继承人，不肯作周武王的臣子，不接受封侯而最终饿死在首阳山下。像这样廉洁，大王又怎能让他步行千里到齐国干一番事业取回十座城池呢？像尾生那样诚信，和女子约定好在桥下约会，女子没有来，洪水来了也不离去，紧抱桥柱而最终被水淹死。有这样的诚信，大王又怎能让他步行千里退去齐国的强兵呢？我正是因为忠信才在大王面前获罪的。"

点评

尾生是"信"的代表者。他坚守信约，宁愿受洪水的冲击，也要等待约定好的女子，不惜抱桥柱而死。"抱柱之信"传为美谈。立信就是立德，信作为一种人的高尚道德无处不在，大到治国安民，小到饮食起居，到处需要立信。凡是有人群交往之处，都应以信处事待人。曾子不欺子，很多家长做不到，往往以小事为由，轻诺无信，不能兑现，这是教孩子撒谎骗人。潜移默化，积久成习，害了孩子，毁了家庭，足以为戒，所以应好好向曾子学习。

二十九　察言观色　善恶彰焉

听不参[①]，则无以责下；言不督乎用[②]，则邪说当上[③]。言之为物也以多信，不然之物，十人云疑，百人然乎，千人不可解也。呐者言之疑[④]，辩者言之信[⑤]。奸之食上也[⑥]，取资乎众，籍信乎辩[⑦]，而以类饰其私。人主不餍忿而待合参[⑧]，其势资下也[⑨]。有道之主听言，督其用，课其功[⑩]，功课而赏罚生焉，故无用之辩不留朝[⑪]。任事者知不足以治职[⑫]，则官收[⑬]。说大而夸则穷端，故奸得而怒。无故而不当为诬[⑭]，诬而罪臣。言必有报[⑮]，说必责用也，故朋党之言不上闻。凡听之道，人臣忠论以闻奸，博论以内一[⑯]，人主不智则奸得资。明主之道，已喜，则求其所纳；已怒，则察其所构[⑰]；论于已变之后，以得毁誉公私之征[⑱]。众谏以效智故[⑲]，使君自取一以避罪，故众之谏也，败君之取也。无副言于上以设将然[⑳]，令符言于后以知谩诚语[㉑]。明主之道，臣不得两谏，必任其一语；不得擅行，必合其参。故奸无道进矣[㉒]。

（《八经》）

【注释】

①参：验证。

②督：考察。

③当（dàng）：适合。

④呐者：口才笨拙的人。

⑤辩者：善于辩说的人。

⑥食：通“蚀”，损伤，侵害。

⑦乎：于。

⑧餍（yàn）：饱，引申为盛。

⑨势：情况。

⑩课：考核。

⑪不留朝：不能滞留于朝廷之内。

⑫知：通“智”，智慧。

⑬官收：罢官。

⑭诬：欺骗。

⑮报：答复，引申为核实。

⑯内：通“纳”，进献。

⑰构：事情的是非。

⑱征：验证。

⑲智故：智巧。

⑳副言：另一种说法。

㉑谩：欺骗。

㉒道：由，从。

【译文】

君主听话不进行检验，就无法责求臣下；不考察言论是否有用，臣下就会用邪说迎合君主。言语这种东西，重复得多了，容易使人信以为真，对本不真实的东西，听十个人说，自己就会产生疑惑；听一百个人说，自己就会倾向于相信；听一千个人说，自己就会确信不疑了。口才笨拙的人说的话使人心疑，善于辩说的人说的话使人信任。奸臣危害君主，得力于人多，凭借辩说而取得信任，用类似的事例来掩饰奸私。君主不予盛怒斥责而等待参验，势必会助长臣下行奸。懂得治国道理的君主听取臣下的话时，会督察它的作用，考核它的功效。根据功效来确定赏罚，所以无用的辩说不会留于朝廷。担任公职办事的人，如果智慧不足以胜任，就免职。对说话大而不当、浮夸不实的，要追根究底，这样就能察觉坏人并严加斥责。无故而言行不符，就是行骗；臣下行骗，就要治罪。对臣下的言论一定采取对应措施，对臣下的主张一定要求带来效用，所以朋党的观点就不敢对君主陈说。听言的方法，要让臣下老实地讲，君主可以从中了解奸情；要让臣下广泛地议论，君主得以采纳一种意见；君主如果不明智，坏人就会钻空子。明君听言的原则，是对于使自己高兴的话，就要求兑现；对于自己恼怒的话，就追究根源；等到情况有了发展变化之后再下结论，以便获取臣下是诽谤还是赞扬，是为公还是为私的真凭实据。采用几种说法进言来玩弄智巧，诱使君主自己从中采取一种意见，以便逃避罪责，所以不能让臣子同时进献几种意见。君主所取的，是不要让臣下在一种意见之外又附加另一种意见，企图摆出一种“可能”“或许”的滑头办法，而应使谏言跟以后的事实相符合，据此准确判明谏言的诚实与欺诈。明君所要采用的方略是，绝对不容许臣下作摸棱两可的进说，一定要他们挑出一种；绝不容许他们妄自行动，一定要就其言求其功。这样奸臣的进路就给堵死了。

扩展阅读

人有亡斧者[①]，意其邻之子。视其行步，窃斧也；颜色[②]，窃斧也；言语，窃斧也；动作态度，无为而不窃斧也。俄而扫其谷而得其斧[③]，他日复见其邻人之子[④]，动作态度，无似窃斧者。

（《列子·说符》）

【注释】

①亡：丢失。

②颜色：表情，神色。

③俄而：短时间，突然间。 扫（hú）：发掘。

④他日：将来，来日，将来的某一天或某一时期。

【译文】

有个人丢了斧子，怀疑是邻居家的儿子偷的。观察他走路的样子，像是偷斧子的；观察他的神色表情，像是偷斧子的；听他的言谈话语，也像是偷斧子的；观察他的动作神态、言行举止无不像是偷斧子的。不久，丢斧子的人在山谷里挖地时，掘出了那把斧子，来日再见到邻居家的儿子，就觉得他的动作神态、言行举止没有一点像是偷斧子的了。

点评

君主受蒙蔽的一个重要原因是臣下用言论进行迷惑，对付的办法就是考察动听的言论是否有功效，然后让“无用之辩不留朝”“朋党之言不上闻”，以摆脱权奸的控制。在察言观色的同时，须以客观的态度看待事物、处理问题，而不能用主观成见，因为主观成见始终是认识客观真理的障碍。以客观的态度察言观色，便不会被甜言蜜语、夸大之言所蒙蔽，也不会犯“疑邻盗斧”的错误。

三十　无的放矢　对牛弹琴

夫新砥砺杀矢①，彀弩而射②，虽冥而妄发③；其端未尝不中秋毫也④，然而莫能复其处⑤，不可谓善射，无常仪的也⑥。设五寸之的，引十步之远⑦，非羿、逢蒙不能必全者⑧，有常仪的也。有度难而无度易也⑨。有常仪的，则羿、逢蒙以五寸为巧；无常仪的，则以妄发而中秋毫为拙。故无度而应之，则辩士繁说；设度而持之⑩，虽知者犹畏失也⑪，不敢妄言。今人主听说，不应之以度而说其辩；不度以功，誉其行而不入关⑫。此人主所以长欺，而说者所以长养也。

（《外储说左上》）

【注释】

①砥砺（dǐ lì）：磨。　杀矢：打猎用的箭。

②彀（gòu）：张。　弩（nǔ）：一种利用机械力量发射箭的弓。

③冥：通“瞑”（míng），闭眼。　妄：乱。

④秋毫：秋天时鸟兽新生的细毛，比喻极端细小的东西。

⑤复其处：再一次射到第一次射中的地方。

⑥常仪：固定的目标。仪，标准。　的：箭靶。

⑦引：拉弓弦发箭。　步：古代长度计算单位，一步为

六尺。

⑧羿（yì）：古代传说中的射箭能手。逄（péng）蒙：传说是羿的徒弟，射箭能手。

⑨度：标准。

⑩持：掌握，衡量。

⑪知：通“智”。

⑫入关：符合一定准则的意思。

【译文】

用新磨出的利箭，张满弓弩发射出去，即使闭着眼睛胡乱发射，箭头没有不射中细小的东西的。然而他不能两次射中原处，是不能认为他善于射箭的，因为没有固定的箭靶作目标。设置一个直径五寸的箭靶，射程只有十步那么远，不是后羿和逄蒙这样的射箭能手，就不一定能全部射中，因为已有固定的箭靶作为目标。设靶射箭是困难的，无靶射箭是容易的。有固定的箭靶作为目标，人们会把后羿和逄蒙射中直径五寸的靶子视为精巧；没有固定的箭靶作为目标，人们会把乱射射中细小的东西认作笨拙。所以，没有一定的标准加以衡量的话，辩士们就会用繁言巧语进说；设置一定的标准加以衡量的话，即便是很有智慧的人也怕言辞有失，不敢乱说。现在君主听取言论，不是用一定的标准去衡量，而是喜欢他们动听的言辞；不是用功效去衡量，而是赞赏他们的行为，不问是否合乎准则。这是君主长期受欺骗，而游说的人长期被供养的原因。

扩展阅读

问曰：子云：《经》如江海，其文如锦绣。何不以佛经答吾问，而复引《诗》《书》[①]，合异为同乎？牟子曰[②]：渴者不必须江海而饮，饥者不必待廒仓而饱[③]。道为智者设，辩为达者通，书为晓者传，事为见者明。吾以子知其意，故引其事。若说佛经之语，谈无为之要，譬对盲者说五色[4]，为聋者奏五音也。师旷虽巧[5]，不能弹无弦之琴。狐貉虽煴[6]，不能热无气之人。公明仪为牛弹清角之操[7]，伏食如故[8]。非牛不闻，不合其耳矣。转为蚊虻之声，孤犊之鸣[9]，即掉尾奋耳，蹀躞而听[10]。是以《诗》《书》理子耳。

（《理惑论》）

【注释】

①《诗》《书》：分别指《诗经》《尚书》。

②牟子：牟融，汉代人。

③廒：粮仓。

④譬：譬如，好比。

⑤师旷：春秋时晋国乐师，目盲，以善辩音著称。

⑥貉：一种动物，貌似狐狸。　煴（yūn）：微火。

⑦公明仪：春秋时鲁国贤士。　清角之操：这里指高深的曲子。

⑧伏：低头，埋头。

⑨孤犊：离开母亲的小牛。

⑩掉：摇摆。　奋：竖起。　蹀躞（xiè）：迈小步来回走动。

【译文】

问：你说佛经浩大如江海，文章华美似锦绣，那你为什么不根据佛经回答我的问题，却又引用《诗》《书》，使不同的内容相互渗透融合？牟子说：干渴的人不必非要到江海中去饮水，饥饿的人不必非要守着粮仓填饱肚子，道是为聪明人设立的，辩论是为了使明达的人彻底明白，书是为看得懂的人写的，事情要碰到有见识的人才能剖析明白。我考虑到你了解《诗》《书》，所以才引用它们解释佛经。如果直接讲佛经的内容，谈论“无为”的含义和要旨，就好比对盲人谈论色彩，为聋人演奏音乐了。师旷虽然技艺高超巧妙，但是不能弹无弦之琴，狐貉的皮毛虽然温暖，但是不能暖热已经断气的人。公明仪对牛弹高深的曲子，牛依然如往常一样埋头吃草，这并不是牛没有听见琴声，而是这琴音不适合牛耳。如果换成蚊子和苍蝇的嗡嗡声，离开母亲的小牛的哞哞声，它即刻摆动尾巴，竖起耳朵，徘徊踱步地聆听。这就是我引用《诗》《书》讲佛经要使你们听懂的原因。

点评

对牛弹奏高深幽雅的曲子，牛听得见却依然无动于衷，这是因为牛耳不似人耳，它们听不懂琴曲，如果换成“蚊虻之声，孤犊之鸣”，牛便会很兴奋。所以行动之前要对目标事物进行考察，说话做事要有针对性，做到有的放矢，否则便会闹“对牛弹琴”的笑话。而强调说话、提建议要有针对性，不可妄言，在于求其有功用。无的放矢，信口开河，极尽花言巧语，也于事无补。所以说“妄发而中秋毫为拙”。作为君主，不用一定的标准衡量臣下和游说者的言论，而是喜欢听动听的话；不用功效验证是否合乎标准，就一味赞扬他们的行为，所以就会长期受蒙蔽，让说漂亮话的人永远受供养。

三十一　取长补短　明主智举

古之人目短于自见[①]，故以镜观面；智短于自知，故以道正己[②]。故镜无见疵之罪[③]，道无明过之怨。目失镜，则无以正须眉；身失道，则无以知迷惑。西门豹之性急[④]，故佩韦以缓己[⑤]；董安于之心缓[⑥]，故佩弦以自急。故以有余补不足，以长续短之谓明主。

天下有信数三[⑦]：一曰智有所不能立，二曰力有所不能举，三曰强有所不能胜。故虽有尧之智而无众人之助，大功不立；有乌获之劲而不得人助[⑧]，不能自举；有贲、育之强而无法术[⑨]，不得长胜。故势有不可得，事有不可成。故乌获轻千钧而重其身[⑩]，非其身重于千钧也，势不便也。离朱易百步而难眉睫[⑪]，非百步近而眉睫远也，道不可也。故明主不穷乌获以其不能自举[⑫]；不困离朱以其不能自见。因可势，求易道[⑬]，故用力寡而功名立。时有满虚[⑭]，事有利害，物有生死，人主为三者发喜怒之色，则金石之士离心焉[⑮]。圣贤之朴深矣[⑯]。故明主观人，不使人观己。明于尧不能独成，乌获不能自举，贲、育之不能自胜，以法术则观行之道毕矣。

（《观行》）

【注释】

①短：短少，不足。

②道：自然或社会的法则。

③疵（cī）：小毛病。

④西门豹：战国初期魏国人，魏文侯时任邺县令时，曾引河水灌田，革除河伯娶妇的陋习。

⑤韦：熟皮子。这里指熟皮带子。

⑥董安于：又作“董阏（yān）于”，春秋时晋国赵简子的家臣，以计谋出名。

⑦信数：必然的道理。

⑧乌获：战国时秦武王的大力士。

⑨贲（bēn）、育：指孟贲和夏育，两人都是卫国人，战国时著名勇士。

⑩钧：古代重量单位，三十斤为一钧。

⑪离朱：又作“离娄”，传说他是黄帝时人，视力极好，能看清百步以外毫毛的尖端。

⑫穷：困迫，处境艰难。

⑬易道：指容易成功的法则。

⑭满虚：盛衰。

⑮金石：比喻忠贞。

⑯朴：道术，此指法术。

【译文】

古代的人因为眼睛缺少自见的能力，所以用镜子来观察面容；因为智慧缺少自知的能力，所以用道来端正自己。所以镜子没有显现瑕疵的罪责，道没有招来显露过失的怨恨。

眼睛失去镜子，就没有办法用来整饰胡须和眉毛；人离开道，就没有办法用来辨别是非。西门豹的性情急，所以他佩带柔软的熟皮带子，以提醒自己应该从容沉着；董安于的性情慢，所以他佩带绷紧的弓弦，以提醒自己应该明快敏捷。所以能够以有余补不足，以长补短，这才能称作明主。

天下有三种必然的道理：一是智慧虽高，也有办不成的事情；二是力气虽大，也有举不起的东西；三是实力虽强，也有打不赢的对手。所以即使有尧那样的智慧，如果没有众人的辅助，也不能建立大功；有乌获那样大的力气，如果得不到别人的帮助，也不能自己举起自己；有孟贲、夏育那样的勇猛，如果没有法术作指导，也不能永远取胜。所以客观条件总有不能满足的时候，各种事情总有不能办成的时候。乌获以千钧的东西为轻，而以自身的重量为重，并不是他的身体比千钧还重，而是客观条件不够。离朱易于看清百步之外的毫毛，却难以看到自己的眉睫，并非百步近而眉睫远，而是条件不允许。所以明君不因乌获不能自举而为难他；不因离朱不能自见而刁难他。顺应可获成功的形势，寻找容易取胜的条件，所以用力少而功名成。季节有盛有衰，事情有利有害，万物有生有死，君主对这三种变化表现出喜怒之色，那么忠贞人士就会离心离德，聪明的人就会摸到君主底细了。所以明君观察别人，而不让别人观察自己。明白唐尧不能单独成功，乌获不能举起自己，孟贲、夏育不能胜过自我，运用法术，则观察臣下行为的道理就尽在其中了。

扩展阅读

屈原既放[①]，三年不得复见。竭知尽忠，而蔽鄣于谗[②]。心烦虑乱，不知所从。乃往见太卜郑詹尹曰[③]："余有所疑，愿因先生决之[④]。"詹尹乃端策拂龟曰[⑤]："君将何以教之？"

屈原曰："吾宁悃悃款款[⑥]，朴以忠乎？将送往劳来[⑦]，斯无穷乎？宁诛锄草茅以力耕乎？将游大人以成名乎[8]？宁正言不讳以危身乎？将从俗富贵以偷生乎[9]？宁超然高举以保真乎[10]？将哫訾栗斯，喔咿儒儿[11]，以事妇人乎？宁廉洁正直以自清乎？将突梯滑稽，如脂如韦，以洁楹乎[12]？宁昂昂若千里之驹乎[13]？将泛泛若水中之凫，与波上下，偷以全吾躯乎[14]？宁与骐骥亢轭乎[15]？将随驽马之迹乎[16]？宁与黄鹄比翼乎[17]？将与鸡鹜争食乎[18]？此孰吉孰凶？何去何从？世溷浊而不清，蝉翼为重，千钧为轻[19]；黄钟毁弃，瓦釜雷鸣[20]；谗人高张，贤士无名。吁嗟默默兮，谁知吾之廉贞？"

詹尹乃释策而谢曰[21]："夫尺有所短，寸有所长；物有所不足，智有所不明；数有所不逮[22]，神有所不通。用君之心，行君之意。龟策诚不能知此事！"

（《楚辞·卜居》）

【注释】

①放：放逐，流放。

②蔽鄣：遮蔽，阻挠。

③太卜：掌管卜筮的官。

④因：凭借。

⑤端策：端正蓍草。　拂龟：拂去龟壳上的灰尘。

⑥悃悃款款：诚实勤恳的样子。

⑦劳：慰劳。

⑧大人：指达官贵人。

⑨偷生：贪生。

⑩高举：远走高飞。　保真：保全真实的本性。

⑪哫訾（zú zī）：想前进又不敢的样子。　栗斯：与"哫訾"义同。　喔咿：想说话又不敢的样子。　儒儿：与"喔咿"义同。

⑫突梯：圆滑的样子。　洁楹：形容处世的圆滑随俗。

⑬昂昂：昂首挺胸、堂堂正正的样子。

⑭泛泛：漂浮不定的样子。　凫：水鸟，即野鸭。
⑮亢轭：并驾而行。亢，同“伉”，并列。轭，车辕前端的横木。
⑯驽（nǔ）马：劣马。
⑰黄鹄：天鹅。
⑱鹜（wù）：鸭子。
⑲溷（hùn）浊：肮脏、污浊。　千钧：代表最重的东西。
⑳黄钟：这里指声调合于黄钟律的大钟。　瓦釜：陶制的锅。这里代表鄙俗的音乐。
㉑谢：辞谢，拒绝。
㉒数：卦数。　逮：及。

【译文】

屈原已经被流放了，三年不能再见楚怀王。他竭尽忠诚智慧，却被奸佞、谗言遮蔽阻扰。他心情烦闷思想混乱，不知道何去何从，于是就前往拜见太卜郑詹尹说：“我心中充满疑惑，希望由先生您来解答。”詹尹就摆正蓍草拂净龟壳说：“您有什么赐教的啊？”

屈原说：“我是宁愿诚实勤恳、朴实忠诚呢，还是要无止境地迎来送往、应酬逢迎呢？是宁愿去除掉茅草勤劳耕作呢，还是游说于达官贵人之中来博取名声呢？是宁愿直言不讳以致使自身受到危害呢，还是跟随俗流富贵之人、苟且偷生呢？是宁愿超然世俗之上来保持自己的洁白纯真呢，还是圆滑世故、柔弱谨慎来巴结妇人呢？是宁愿廉洁正直来使自己清白呢，还是圆滑求全、像油脂一样光滑、如熟皮一样柔软来谄媚阿谀呢？是宁愿昂然翘首如同千里马呢，还是如同漂浮不定的鸭子随波逐流、苟活偷生以保全自身呢？是宁愿与天鹅比翼齐飞呢，还是去跟鸡鸭争食呢？所有这些，究竟什么是吉什么是凶？我应该何去何从？现实世界浑浊不清：人们认为蝉的翅膀很重，却把有千钧重量的物体看得很轻；

黄钟被抛弃不用，瓦锅却被认为可以发出雷鸣之声；谗言献媚的奸佞之人位高名显，贤仁之士毫无地位，默默无闻。唉，我能说些什么呢，谁知道我的廉洁忠贞呢?”

詹尹便放下手中的蓍草辞谢道：“所谓尺有它不足的地方，寸也有它的长处；物有它不足的地方，人的智慧也有它不明白的地方；占卜有算不到的事，神灵有它无法通晓的事。您就按照自己的心之所想去做您想做的事吧。我的龟壳、蓍草实在无法知道这些事。”

点 评

“尺有所短，寸有所长。”这是一句真理。太卜郑詹尹对于屈原的疑惑感到无可奈何，用“尺有所短，寸有所长”的道理来表明自己无能为力，神明占卜也无济于事，只能“用君之心，行君之意”。人能观星宿，却看不见自己的睫毛、面孔。所以古人发明了镜子，来解决看不到自己的问题。人如果想要知道自己行为是否正确，便应把事物发展的规律作为标准来衡量。作为君主，能够以有余补不足、以长补短，就是明智之举。善于利用客观条件和规律来治国，就可以功成名就。这就是“因可势，求易道”。用最省的力、最简易的办法，取得最大效果，办到自己所办不到的事情。这也就是超越了自我。

三十二　入少出多　名存实亡

人主欲为事，不通其端末，而以明其欲[①]，有为之者，其为不得利，必以害反。知此者，任理去欲[②]。举事有道[③]，计其入多[④]，其出少者[⑤]，可为也。惑主不然，计其入，不计其出，出虽倍其入，不知其害，则是名得而实亡。如是者功小而害大矣。凡功者，其入多，其出少，乃可谓功。今大费无罪而少得为功，则人臣出大费而成小功，小功成而主亦有害。

（《南面》）

【注释】

①以：已。

②任：顺应。

③道：原则。

④入：指所得的利益。

⑤出：指付出的代价。

【译文】

君主想做某件事，没有掌握全部情况，就把自己的想法表露出来，这样做的话，不但没有好处，反而一定会受害。懂得这些，就会顺应客观事理，去掉主观欲望。做事有个原则，可以算知其事利益多、代价少，就可以做。昏君不这样，只算得利，不算代价，代价即使成倍地超过利益，也不知它的危害，这就是名义上得到而实际上失去。像这样就是功劳小而危害大了。大凡功劳，它的利益多而代价少，这才可以叫做功劳。现在耗费大的无罪，而收效小的有功，臣子就会以大的耗费去取得小的收效，小的收效即使取得了，而君主仍是遭受了损害。

扩展阅读

古布衣之侠[1]，靡得而闻已[2]。近世延陵、孟尝、春申、平原、信陵之徒，皆因王者亲属[3]，藉于有土卿相之富厚[4]，招天下贤者，显名诸侯，不可谓不贤者矣。比如顺风而呼，声非加疾[5]，其势激也[6]。至如闾巷之侠，修行砥名[7]，声施于天下[8]，莫不称贤，是为难耳。然儒、墨皆排摈不载[9]。自秦以前，匹夫之侠，湮灭不见，余甚恨之。以余所闻，汉兴有朱家、田仲、王公、剧孟、郭解之徒，虽时扞当世之文罔[10]，然其私义廉洁退让，有足称者。名不虚立，士不虚附。至如朋党宗强比周[11]，设财役贫[12]，豪暴侵凌孤弱[13]，恣欲自快[14]，游侠亦丑之。余悲世俗不察其意，而猥以朱家、郭解等令与暴豪之徒同类而共笑之也[15]。

（《史记·游侠列传》）

【注释】

①布衣：平民百姓。

②靡：无，不。

③因：凭借。

④藉：依靠。　土：指封地。

⑤疾：声音宏亮。

⑥激：激荡。

⑦砥名：磨砺名节。

⑧施：广延，传播。

⑨排摈：排斥、抛弃。

⑩扞（hàn）：违反，违背。　文罔：法律禁令。罔，通“网”。

⑪比周：互相勾结。比，近。周，合。

⑫设：依仗。

⑬凌：侵犯。

⑭恣：放纵。

⑮猥：谬，错误。

【译文】

古代的平民侠士，人们没有听说过。近代延陵季子、孟尝君、春申君、平原君、信陵君这些人，都凭借是君王的亲戚，依仗封国及卿相的雄厚财富，招揽天下的贤士，在各诸侯国中名声显赫，不能说他们不是贤士。这就比如顺风呼喊，声音并非更加宏亮，而听的人却听得更清楚，这是风势激荡的结果。至于闾巷的布衣侠士，修行品行，磨砺名节，名望广延天下，无人不称赞他们的贤德，这是很难做到的。然而儒家和墨家都排斥他们，不在他们的文献中加以记载。从秦朝以前，平民侠士的事迹，已经被埋没而不能见到，对此我深感遗憾。据我听到的事情来看，汉朝建国以来，有朱家、田仲、王公、剧孟、郭解这些人，他们虽然时常违反汉朝的法律禁令，但是他们个人的行为符合道义，廉洁而且有退让的精神，有值得称道的地方。他们的名声并非虚假地树立起来的，读书人也不是没有根据地附和他们。至于那些结成帮派的豪强，互相勾结，依仗自己的财势役使穷人，凭借豪强暴力欺凌孤弱之人，放纵欲望，只顾自己快乐，这是游侠之士认为可耻丑陋的。我悲叹世俗之人不能明察这其中的真意，而错误地把朱家和郭解等人与暴虐豪强之流的人视为同类，一并加以嘲笑。

点评

只计算收益，不计算付出的代价，即使付出超过收益数倍，也自以为有功，这实际上是“名得而实亡”，无益有害，应当受到惩罚。汉代朱家、郭解等布衣侠士，以权贵仗势欺人的行为为耻，行侠仗义，廉洁退让，声名远播，为世人所称道，可谓“名不虚立，士不虚附”，与只计其功、不计其害、名存实亡的昏君形成鲜明的对比。

三十三　一国尽可　未必为善

张仪欲以秦、韩与魏之势伐齐、荆[①]，而惠施欲以齐、荆偃兵[②]。二人争之。群臣左右皆为张子言，而以攻齐、荆为利，而莫为惠子言。王果听张子，而以惠子言为不可。攻齐、荆事已定，惠子入见。王言曰："先生毋言矣。攻齐、荆之事果利矣，一国尽以为然。"惠子因说[③]："不可不察也。夫齐、荆之事也诚利，一国尽以为利，是何智者之众也？攻齐、荆之事诚不可利，一国尽以为利，何愚者之众也？凡谋者，疑也。疑也者，诚疑以为可者半，以为不可者半。今一国尽以为可，是王亡半也[④]。劫主者，固亡其半者也[⑤]。"

（《内储说上》）

【注释】

①张仪：战国时魏国人，纵横家中连横派的代表人物，曾任秦惠王相，后在魏国任相。　秦：战国时诸侯国名。　韩：战国时诸侯国名。　与：交好。　魏：战国时诸侯国名。　齐：战国时诸侯国名。　荆：即楚，战国时诸侯国名。

②惠施：人名，战国时宋国人，曾任魏惠王相，名家的代表人物。　以：与。　偃兵：罢兵不战。

③说（shuì）：劝说。

④亡半：指失去了持反对意见的那一半。

⑤固：实在，正是。

【译文】

张仪想凭秦、韩和魏交好的势力去征伐齐、楚，惠施想与齐、楚罢兵言和。两人争执不下。群臣近侍都帮张仪说话，认为攻打齐、楚有利，而没有人帮惠施讲话。魏王果真听从了张仪的主张，而认为惠施的主张不可行。攻打齐、楚的事已经确定之后，惠子进见魏王。魏王说："您不要说了。攻打齐、楚的事情确实有利，全国都这样认为。"惠施趁机进言："这种情况不能不明察。如果攻打齐、楚这件事确实有利，全国都认为有利，聪明的人怎么会这么多啊！如果攻打齐、楚这件事确实不利，全国都认为有利，愚蠢的人怎么也这么多啊！大凡需要谋划的事，是因为有疑。有疑的事，如果确实是疑惑不定的，那么就会有一半人认为可行，一半人认为不可行。现在全国都认为可行，这是大王失去了一半人的意见。被挟持的君主也正是失去了半数意见的君主啊！"

扩展阅读

故夫知效一官[①]、行比一乡[②]、德合一君、而征一国者[③]，其自视也，亦若此矣。而宋荣子犹然笑之[④]。且举世誉之而不加劝[⑤]，举世非之而不加沮[⑥]，定乎内外之分[⑦]，辩乎荣辱之境，斯已矣。彼其于世，未数数然也[⑧]。虽然，犹有未树也。夫列子御风而行[⑨]，泠然善也[⑩]，旬有五日而后反[⑪]。彼于致福者[⑫]，未数数然也。此虽免乎行，犹有所待者也[⑬]。若夫乘天地之正[⑭]，而御六气之辩[⑮]，以游无穷者，彼且恶乎待[⑯]？故曰：至人无我[⑰]，神人无功[⑱]，圣人无名[⑲]。

（《庄子·逍遥游》）

【注释】

①效：功效，这里指胜任。

②行：德行，品行。　比：合乎，能够相匹。

③而：通作“能”，能力。　征：取信。

④犹然：喜笑的样子。犹，通“繇”。

⑤举：全。　劝：劝勉，努力。

⑥非：责难，批评。　沮：沮丧。

⑦内外：这里分别指自身和身外之物。

⑧数（shuò）数然：急忙追求的样子。

⑨御：驾驭。

⑩泠（líng）然：轻快的样子。

⑪旬：十天。　有：又。　反：通“返”，返回。

⑫致：这里指寻求。

⑬待：依靠。

⑭乘：遵循。　正：本，这里指自然的本性。

⑮御：含有因循、顺着的意思。　辩：通作“变”，变化。

⑯恶（wū）：何，什么。

⑰至人：指道德修养最高尚的人。

⑱神人：指精神世界完全能超脱于物外的人。

⑲圣人：指思想修养臻于完美的人。

【译文】

所以，那些才智能胜任一个官职、品行能够与乡人的品行相匹敌、道德合乎国君的心意、能力足以取信一国之人的人，他们看待自己也是这样。而宋荣子却讥笑他们。世人都赞誉宋荣子，他不会因此越发勤奋努力；世人都责难他，他不会因此而更加沮丧。他清楚地划定自身与身外之物的区别，辩别荣誉与耻辱的界限，觉得不过如此罢了。宋荣子对待整个世界，从来没有急忙追求的样子。即使如此，他仍然有未能达到的境界。列子能乘风而行，那样子实在轻盈美好，十五天后方才返回。列子对于寻求幸福，从来没有急忙追求的样子。他这样做虽然免除了行走，可还是有所依靠。倘若遵循天地万物的规律，把握“六气”的变化，遨游于无穷无尽的境地，他还依靠什么呢？因此，道德修养最高尚的“至人”能够达到忘掉自我的境界，精神世界完全超脱物外的“神人”心目中没有建功立业的想法，思想修养臻于完美的“圣人”不去追求名誉地位。

点评

凡是要谋划的事情，都是有疑问的，对于疑问，大家都会有不同的意见。“一国人都赞成”，其中必定有诈，或受人操纵，或施加了压力。一国人的意见中必有一半是真的、一半是假的。一国人有智、有愚，对可疑的问题不可能有相同的判断能力，如果“赞成”是对的，那么一国人岂不是全成了智者吗？如果说是错的，那么一国人怎么会全成了愚人？所以说“一国人都赞成”是不正常的。宋荣子“举世誉之而不加劝，举世非之而不加举”的做法，一方面表现了宋荣子超然物外的境界，另一方面恰恰说明了宋荣子对举世之誉、举世之非的不屑一顾，他不认为但凡“举世”认同的，都是对的。万事万物，都没有绝对，全人类对于同一件事情都会有不同的意见，所以“一国尽以为然”，对于君主和国家都是岌岌可危的现象。

三十四　听信谗言　自毁长城

叔孙相鲁[①]，贵而主断[②]。其所爱者曰竖牛[③]，亦擅用叔孙之令[④]。叔孙有子曰壬[⑤]，竖牛妒而欲杀之，因与壬游于鲁君所[⑥]。鲁君赐之玉环，壬拜受之而不敢佩，使竖牛请之叔孙。竖牛欺之曰："吾已为尔请矣[⑦]，使尔佩之。"壬因佩之。竖牛因谓叔孙："何不见壬于君乎？"叔孙曰："孺子何足见也[⑧]。"竖牛曰："壬固已数见于君矣[⑨]。君赐之玉环，壬已佩之矣。"叔孙召壬见之，而果佩之，叔孙怒而杀壬。壬兄曰丙[⑩]，竖牛又妒而欲杀之。叔孙为丙铸钟，钟成，丙不敢击，使竖牛请之叔孙。竖牛不为请，又欺之曰："吾已为尔请之矣，使尔击之。"丙因击之。叔孙闻之曰："丙不请而擅击钟。"怒而逐之。丙出走齐[⑪]。居一年[⑫]，竖牛为谢叔孙，叔孙使竖牛召之，又不召而报之曰："吾已召之矣，丙怒甚，不肯来。"叔孙大怒，使人杀之。二子已死，叔孙有病，竖牛因独养之而去左右，不内人[⑬]；曰："叔孙不欲闻人声。"不食而饿杀[⑭]。叔孙已死，竖牛因不发丧也[⑮]，徙其府库重宝空之而奔齐[⑯]。夫听所信之言而子父为人僇⑰，此不参之患也。

（《内储说上》）

【注释】

①叔孙：指叔孙豹，春秋后期鲁国执政的三大贵族之一。
②贵：尊贵。　主断：专权独断。
③竖牛：叔孙氏的侍仆，名牛。竖，年轻的奴仆。
④擅（shàn）：专，独揽。
⑤壬（rén）：即仲壬，叔孙豹的次子。
⑥所：处。
⑦尔：你。
⑧孺（rú）子：孩子。　足：值得，够得上。
⑨固：其实。　数（shuò）：屡次，多次。
⑩丙：即孟丙，叔孙豹的长子。
⑪丙出走齐：孟丙逃往齐国。《左传》昭公四年记此事，佩环被逐的是仲壬，击钟被杀的是孟丙，和韩非记载不同。
⑫居：停留，隔。
⑬不内人：不让人进去。内，通“纳”。
⑭食（sì）：给东西吃。
⑮发丧：讣告。
⑯府：藏钱物的地方。
⑰僇：通“戮”，杀。

【译文】

叔孙豹在鲁国做宰相，禄位高而又专权独断。他最喜爱的一个侍仆叫竖牛，这个人也常常擅自盗用叔孙豹的名义发号施令。叔孙豹有个儿子叫仲壬，竖牛嫉妒他，就想杀害他，于是故意带仲壬到国君那里去玩。国君送给仲壬一个玉环，仲壬谢纳玉环，但不敢佩带，便让竖牛向叔孙豹请求允许他佩带。竖牛欺骗仲壬说："我已经替你请求了，他老人家允许你佩带玉环。"仲壬便把玉环佩带在身上。接着竖牛就对叔孙豹说："您为什么不让仲壬去拜见君主呢？"叔孙豹说："小孩子有什么值得引见的呢？"竖牛说："仲壬原来已经多次拜见过君主。君主送给他一个玉环，仲壬已经佩带在身。"叔孙豹派人把仲壬唤来，看见仲壬果然佩着玉环。叔孙豹勃然大怒，立即杀了仲壬。仲壬的哥哥叫孟丙，竖牛也嫉妒他，也想杀害他。叔孙豹为孟丙铸了一口大钟，铸成后孟丙不敢敲击，让竖牛向叔孙豹请求允许他敲击。竖牛没有替他请求，又欺骗他说："我已经替你请求过了，他老人家允许你敲击大钟。"孟丙便敲击起大钟。叔孙豹听到钟声后说："孟丙不请示就擅自敲钟。"于是愤怒地把他赶走了。孟丙出逃到了齐国。一年后，竖牛假装替孟丙向叔孙豹谢罪，叔孙豹就让竖牛召孟丙回来，竖牛没去召人，却报告叔孙豹说："我已召过他了，孟丙很恼怒，不肯来。"叔孙豹十分愤怒，派人杀了孟丙。两个儿子已死，叔孙豹患病，竖牛就独自侍奉他，把近侍们支开，不让人进入，说"叔孙不想听见人声"。竖牛不给叔孙豹东西吃，活活把他饿死了。叔孙豹已死，而竖牛并不发讣告，把叔孙豹府库里的贵重珍宝搬迁一空，然后逃往齐国。自己一味偏信别人的话，结果父子都被人杀了，这就是不加验证的祸患。

扩展阅读

赵悼襄王元年，廉颇既亡入魏[①]，赵使李牧攻燕，拔武遂、方城[②]。居二年[③]，庞煖破燕军，杀剧辛。后七年，秦破杀赵将扈辄于武遂，斩首十万。赵乃以李牧为大将军，击秦军于宜安，大破秦军，走秦将桓齮。封李牧为武安君。居三年，秦攻番吾，李牧击破秦军，南距韩、魏。

赵王迁七年，秦使王翦攻赵，赵使李牧、司马尚御之。秦多与赵王宠臣郭开金，为反间，言李牧、司马尚欲反。赵王乃使赵葱及齐将颜聚代李牧。李牧不受命，赵使人微捕得李牧[④]，斩之。废司马尚[⑤]。后三月，王翦因急击赵[⑥]，打破杀赵葱，虏赵王迁及其将颜聚，遂灭赵。

（《史记·廉颇蔺相如列传》）

【注释】

①既：已经。　亡：逃亡。

②拔：攻克。

③居：过了。

④微捕：暗中逮捕。

⑤废：罢免，废除。

⑥因：趁着，趁机。

【译文】

赵悼襄王元年（前244），廉颇已经逃到魏国了，赵国派李牧攻打燕国，攻克了武遂、方城。过了两年，庞煖打败燕军，杀死剧辛。又过了七年，秦军在武遂打败赵军，杀死赵将扈辄，斩杀赵军十万人。赵国便任命李牧为大将军，在宜安攻击秦军，大败秦军，赶走秦将桓齮。赵王封李牧为武安君。三年之后，秦军攻打番吾，李牧击败秦军，又在南边抵御韩、魏二国。

赵王迁七年（前229），秦国派王翦攻打赵国，赵国派李牧、司马尚抵御秦军。秦国给赵王的宠臣郭开很多金钱，让他施行反间计，造谣说李牧、司马尚想要谋反。赵王便派赵葱和齐国将军颜聚接替李牧，李牧不接受命令。赵王派人暗中逮捕了李牧，并且杀了他，又罢免了司马尚。三个月之后，王翦趁机迅速猛攻赵国，大败赵军，杀死赵葱，俘虏了赵王迁和将军颜聚，于是灭了赵国。

点评

叔孙氏有术，权倾朝野，专断鲁政，挟制君主；无术，则被家臣欺骗，人亡家破。他只要作一次简单的验证，核实一下二子言行，便可以免遭灾难。赵王相信谗言，中了秦国的反间计，杀大将李牧，结果被秦军所擒，成了亡国之君。叔孙氏和赵王都是相信谗言，自毁长城。纵观中国历史，历朝历代因谗言惨遭不幸甚至身死的人不胜枚举，如一代文豪屈原、抗金名将岳飞、忠臣良将袁崇焕等等。君主的昏庸不明，用人不信，被谗言蒙蔽，结果只能是自毁长城，国破家亡。

三十五　脱实之辩　虽雄亦寡

虞庆为屋[1]，谓匠人曰："屋太尊[2]。"匠人对曰："此新屋也，涂濡而椽生[3]。夫濡涂重而生椽挠[4]，以挠椽任重涂[5]，此宜卑[6]"。虞庆曰："不然。更日久[7]，则涂干而椽燥。涂干则轻，椽燥则直，以直椽任轻涂，此益尊[8]。"匠人诎[9]，为之而屋坏。

范且曰[10]："弓之折，必于其尽也[11]，不于其始也。夫工人张弓也[12]，伏檠三旬而蹈弦[13]，一日犯机[14]，是节之其始而暴之其尽也[15]，焉得无折？且张弓不然：伏檠一日而蹈弦，三旬而犯机，是暴之其始而节之其尽也。"工人穷也，为之，弓折。

范且、虞庆之言，皆文辩辞胜而反事之情，人主说而不禁[16]，此所以败也。夫不谋治强之功[17]，而艳乎辩说文丽之声[18]，是却有术之士而任"坏屋""折弓"也[19]。故人主之于国事也，皆不达乎工匠之构屋张弓也[20]。然而士穷乎范且、虞庆者，为虚辞，其无用而胜[21]；实事，其无易而穷也[22]。人主多无用之辩[23]，而少无易之言[24]，此所以乱也。今世之为范且、虞庆者不辍㉕，而人主说之不止，是贵“败”“折”之类而以知术之人为工匠也㉖。工匠不得施其技巧，故屋坏弓折；知治之人不得行其方术㉗，故国乱而主危。

（《外储说左上》）

【注释】

①虞庆：即虞卿，战国时赵国人，因进说赵孝成王，被任为上卿。 为：造。

②尊：高。指屋脊至屋檐坡度太陡。

③涂：泥。 濡（rú）：湿。 椽（chuán）：椽木，架在房顶檩木上的木条。 生：没有干透。

④挠：弯曲。

⑤任：承担。

⑥宜：适宜，应当。 卑：低。

⑦更：经过。

⑧益：更加。

⑨诎（qū）：屈服，指无话可说。

⑩范且：即范雎（jū），字叔，战国时魏国人。到秦国游说，被秦昭襄王任为相。

⑪尽：尽头，最后。

⑫张弓：把弓弦绷紧装到弓弩上。

⑬伏：安放。 檠（qíng）：校正弓弩的工具。 蹈：装上。

⑭犯机：触动弩牙，指放箭。犯，触动。机，弩牙，控制发射的机件。

⑮节：节制，指缓慢。 暴：粗率，指急促。

⑯说：通“悦”。

⑰治强：治国强兵。

⑱艳：羡慕。

⑲却：驱退，排斥。

⑳达：通晓，明了。

㉑其：乃，就。

㉒无易：无可改变。

㉓多：看重。

㉔少：看轻。

㉕辍（chuò）：止，断。

㉖知：通“智”。

㉗方术：道术，指治国方法。

【译文】

赵人虞卿建造房子，对工匠说：“房顶太高了。”工匠回答说：“这是新房子，泥巴是潮湿的，椽木也没有干透。潮湿的泥巴重量大，不干的椽木形体弯曲，用弯曲的椽木承受很重的泥巴，房顶就应当造得低一些。”虞卿说：“不对。再过很长一段时间，泥巴干了，椽木也干了。泥巴干了就会变轻，椽木干了就会变直，用变直的椽木承受变轻的泥巴，房顶就会逐渐增高。”工匠无话可说，按照虞卿的话造出房子来，房子坍塌了。

范雎说：“弓折断的时候，一定是在制作的最后阶段，而不是在制作的开始阶段。工匠张弓时，把弓放在校正器具上三十天，然后装上弦，却在一天内就把箭发射出去了，这是开始调节时缓慢而最后使用时急促，怎么能不折断呢？我范雎张弓时就不是这样：用校正工具校上一天，随即装上弦，上弦三十天后才把箭发射出去，这就是开始的时候粗率，而最后有所节制。”工匠无言可对，照范雎的话去做，结果弓折断了。

范雎、虞庆的言论，都能做到文辞动听过人，但却违背了实际情况。君主对这一类话喜爱而不加禁止，这就是事情败坏的根源。不谋求治国强兵的实际功效，却羡慕那种华丽动听的诡辩，这就是排斥有法术的人士，而去采纳那种导致屋塌、弓折之类的胡说。所以君主处理国事时，总也不能通晓工匠造屋和张弓的道理。然而有术之士之所以被范雎、虞庆那样的人物所困窘，是因为范、虞讲起虚浮的话来，虽属毫无用处，却能取得胜利；干起实际的事来，虽属不可改变，却会遭遇失败。君主看重毫无用处的诡辩，看轻不可改变的真理之言，这也就是国家危乱的原因。当代像范雎、虞庆那样的人物还在不断出现，而君主对他们仍然欣赏不止，这就是听信导致屋塌、弓折之类的议论，而把懂得法术的人当作只能卖苦力的工匠看待。工匠不能施展技巧，所以会有屋塌、弓折的结果；懂得治理国家的人不能实行自己的方略，所以国家混乱而君主处于险境。

扩展阅读

七年，秦与赵兵相距长平[①]，时赵奢已死，而蔺相如病笃[②]，赵使廉颇将攻秦[③]，秦数败赵军，赵军固壁不战。秦数挑战，廉颇不肯。赵王信秦之间[④]。秦之间言曰："秦之所恶[⑤]，独畏马服君赵奢之子赵括为将耳。"赵王因以括为将，代廉颇。蔺相如曰："王以名使括，若胶柱而鼓瑟耳[⑥]。括徒能读其父书传[⑦]，不知合变也[⑧]。"赵王不听，遂将之。

赵括自少时学兵法，言兵事，以天下莫能当[⑨]。尝与其父奢言兵事，奢不能难，然不谓善。括母问奢其故，奢曰："兵，死地也，而括易言之。使赵不将括即已[⑩]，若必将之，破赵军者必括也[⑪]。"

赵括既代廉颇，悉更约束，易置军吏[⑫]。秦将白起闻之，纵奇兵，详败走[⑬]，而绝其粮道，分断其军为二，士卒离心。四十余日，军饿，赵括出锐卒自搏战，秦军射杀赵括。括军败，数十万之众遂降秦，秦悉坑之[⑭]。赵前后所亡凡四十五万。明年，秦兵遂围邯郸，岁余，几不得脱。赖楚、魏诸侯来救，乃得解邯郸之围。

（《史记·廉颇蔺相如列传》）

【注释】

①距：通“拒”，抵御，对阵。

②病笃：病重，病危。笃，重。

③使：派遣。　将：率领。

④间：离间之语。

⑤恶：憎恨，畏忌。

⑥柱：琴瑟类乐器上用来调弦的木柱。“胶柱”就是把用来调弦的木柱粘死，木柱就不能转动，也就无法调节弦的高低。“胶柱而鼓瑟”，比喻只守死法，不知变通。

⑦徒：单单，只。　书传：书本。

⑧合变：应变。

⑨当：抵得过，抵挡。

⑩将括：让赵括为将。　即：通“则”。　已：罢了。

⑪破：攻破，使溃败。

⑫约束：指军中的规章制度。　易置：撤换。

⑬纵：调遣。　详：通“佯”，假装。

⑭坑：坑杀，活埋。

【译文】

孝成王七年（前259），秦军与赵军在长平对阵，当时赵奢已死，蔺相如也已病危，赵王派廉颇率兵攻打秦军，秦军屡次打败赵军，赵军坚守营垒不出战。秦军屡次挑战。廉颇就是不肯出战。赵王听信秦国的离间之语。秦军离间之语说：“秦军所忌讳的，就是赵奢的儿子赵括来做将军。”赵王因此就任命赵括为将军，来取代廉颇。蔺相如说：“大王凭名声来任用赵括，就好像用胶把调弦的柱粘死再去弹瑟那样不知变通。赵括只会读他父亲的兵书，不懂得灵活应变。”赵王不听，于是命赵括为将。

赵括从小就学习兵法，谈论用兵之事，认为天下没人能抵得过他。他曾与父亲赵奢谈论用兵之事，赵奢也不能驳倒他，可是并不说他好。赵括的母亲问赵奢什么缘故，赵奢说："用兵打仗是关乎生死的事，然而赵括却把它说得那么容易。如果赵国不用赵括为将也就罢了，如果一定让他为将，那么使赵军溃败的一定是赵括。"

赵括代替廉颇之后，把原有的规章制度全都改变了，把原来的军吏也撤换了。秦将白起听到了这些情况，便调遣奇兵，假装败逃，又去截断赵军运粮的道路，把赵军分割成两半，使赵军士卒离心。过了四十多天，赵军饥饿，赵括出动精兵亲自与秦军搏斗，秦军射死赵括。赵括军队战败，几十万大军于是投降秦军，秦军把他们全部坑杀。赵国前后损失约四十五万人。第二年，秦军就包围了邯郸，有一年多的时间里，赵国几乎不能保全，后来全靠楚、魏两国军队来援救，才得以解除邯郸的包围。

点评

自古以来，夸夸其谈、言过其实者，终不可大用。赵括辩兵法胜其父，而只会纸上谈兵，死守书本，不知合变，长平之战兵败身亡。这里的"屋坏弓折"与赵括的纸上谈兵皆可谓口头上的雄辩家，实践中的败将。凡此种种，都在提醒人们：远离无用之辩，远离脱实之辩，多多实践，方为上策。

三十六　根深柢固　长生久视

凡有国而后亡之，有身而后殃之[①]，不可谓能有其国，能保其身。夫能有其国，必能安其社稷[②]；能保其身，必能终其天年；而后可谓能有其国、能保其身矣。夫能有其国、保其身者，必且体道[③]。体道，则其智深；其智深，则其会远[④]；其会远，众人莫能见其所极[⑤]。唯夫能令人不见其事极[⑥]，不见其事极者为保其身、有其国。故曰："莫知其极。""莫知其极，则可以有国[⑦]。"

所谓"有国之母"：母者，道也[⑧]；道也者，生于所以有国之术[⑨]；所以有国之术，故谓之"有国之母"。夫道以与世周旋者[⑩]，其建生也长，持禄也久。故曰："有国之母，可以长久。"树木有曼根[⑪]，有直根[⑫]。直根者，书之所谓"柢"也[⑬]。柢也者，木之所以建生也；曼根者，木之所以持生也。德也者，人之所以建生也；禄也者，人之所以持生也。今建于理者，其持禄也久，故曰："深其根。"体其道者，其生日长，故曰："固其柢。"柢固，则生长；根深，则视久[⑭]，故曰"深其根，固其柢，长生久视之道也。"

（《解老》）

【注释】

①殃：危害。

②社稷：象征国家。社，土地神。稷，谷神。

③且：将。　体道：行道。体，实践。

④会：计谋，谋算。

⑤极：究竟。

⑥唯：只有。　夫（fú）：那种，指上面说的体道者的情况。

⑦有：享有，掌握。

⑧母：母亲，比喻根本。　道：指治理国家的根本原则。

⑨术：指治理国家的方法。

⑩周旋：运转。引申为应接。

⑪曼根：蔓延的根，即细根。曼，通“蔓”，蔓延。

⑫直根：主根。

⑬书：指《老子》。　柢（dǐ）：树根。

⑭视：活。

【译文】

凡拥有国家然后却丢掉了的，拥有身体然后却伤害了的，不能说是能够拥有国家，能够保全身体。能够拥有国家的人，一定能够安定国家；能够保全身体的人，一定能够尽享天年；然后才好说是能拥有国家、能保全身体。能拥有国家、保全身体的人，一定会按照根本规律行动。按照根本规律行动，他的智慧就一定很深；智慧很深了，他的计谋就一定很高明；计谋很高明，一般人没有谁能看到他的根底。只有那种让人看不到根底的人，才能保全身体、拥有国家。所以《老子》说："没有人知道他的根底。""没有人知道他的根底，就可以拥有国家了。"

所谓"有国之母"：母，就是道；道产生于用来保有国家的方法；因为是保有国家的方法，所以叫做"有国之母"。用道来对待世事，他的生命就会长久，保持禄位就能久远。所以《老子》说："有国之母，可以长久。"树木有蔓根，有主根。主根就是《君子》所说的"柢"。柢是树木赖以生长的建立者，蔓根是树木赖以生长的扶持者。德是人类赖以生存的建立者，禄是人类赖以生存的支持者。假如能立于事理，那么他持禄也就长久，所以说："加深它的蔓根。"能按照根本规律办事，他的生命也就长久，所以说："巩固它的主根。"主根巩固了，生命就长久；蔓根加深了，生命就永存，所以《老子》说："加深它的蔓根，巩固它的主根，是长生久存的道理。"

扩展阅读

治人事天[①]，莫若啬[②]。夫唯啬，是谓早服[③]；早服谓之重积德[④]；重积德则无不克；无不克则莫知其极[⑤]；莫知其极，可以有国；有国之母[⑥]，可以长久。是谓根深固柢，长生久视之道[⑦]。

（《道德经》五十九章）

【注释】

①治人：治理百姓。　事天：保守精气，修养身心。

②啬：爱惜、节俭。

③早服：早早服从，及早做到。

④重积德：不断地积德。

⑤极：究竟。

⑥有国：有保国之意。　母：母亲，比喻根本。

⑦久视：不老，耳目不衰。形容长寿。

【译文】

治理百姓、修养身心，莫过于俭省爱惜。所谓俭省爱惜之道，是说要能够及早做到；及早做到，就是不断地积"德"；不断积"德"，就没有什么不能攻克的；没有什么不能攻克，就没有人知道他的力量究竟有多大；没有人知道他的力量究竟有多大，他就可以担负治理国家的重任。有了立国之本，国家就可以长久不衰。这就是说根基深固，是长久生存之道。

点评

只有那些别人看不出他的本事和力量究竟有多大的人，才可以"保其身，有其国"。而治国需遵道体道，方能国存身健。治国之道产生于治国的实践。道来之于实践，又反过来指导实践，因此道成了治国的根本原则，被称为"有国之母"。体道则国存身健，失道则国灭身亡。体道，可以使治国者深谋远虑，可以使人养德、持禄、长生久存、根柢深固，因此能国存身健。

三十七　上德不德　是以有德

德者①，内也②。得者，外也③。“上德不德④”，言其神不淫于外也⑤。神不淫于外，则身全。身全之谓德。德者，得身也⑥。凡德者，以无为集⑦，以无欲成，以不思安，以不用固。为之欲之，则德无舍⑧；德无舍，则不全⑨。用之思之，则不固；不固，则无功；无功，则生于德⑩。德则无德，不德则有德⑪。故曰：“上德不德，是以有德⑫。”

所以贵无为无思为虚者⑬，谓其意无所制也。夫无术者⑭，故以无为无思为虚也⑮。夫故以无为无思为虚者，其意常不忘虚，是制于为虚也⑯。虚者，谓其意无所制也。今制于为虚，是不虚也。虚者之无为也，不以无为为有常⑰。不以无为为有常，则虚；虚，则德盛；德盛之谓上德⑱。故曰：“上德无为而无不为也⑲。”

（《解老》）

【注释】

①德：我国古代哲学概念，指事物的本质属性。

②内：即身体的内部。

③外：身体以外。

④上德不德：上德不向外求得。第二个德即“得”。见《老子》三十八章（王弼注本）。

⑤淫：游荡。

⑥得身：德是得之于自身的。

⑦无为：有顺应客观法则，不主观强求的意思。

⑧舍：止宿，归宿。

⑨德无舍，则不全：德游移在外没有归宿，就不完美了。

⑩德：通“得”。

⑪不德：不追求有得。

⑫有德：指上德不自己求有得，因此才有德。

⑬贵：推崇。　无思：无所思虑。　虚：古代哲学名词。道的无形无象和宇宙的原始状态谓之虚。人无为、无思、无欲的寂静状态也谓之虚。

⑭夫（fú）：那些，那种。　术：指道术，运用道的方法。

⑮故：故意。

⑯制：牵制。

⑰常：常规。

⑱虚，则德盛：不求有得为虚，虚了才能积德。

⑲“故曰”句：所以《老子》上说：“上德是无为而又是无所不为的。”无所不为，就是指德盛之后，就能实现全身治国的最高境界，也就是无所办不到了。

【译文】

德是内部所具有的。得是从外部获取的。《老子》“上德不德”这句话，是说具有上德的人的精神不游离自身。精神不外露，自身就能保全。自身能够保全，也就叫做“德”。“德”即得之于自身。凡是德，都是以无为来积聚，以无欲来成就，以不思虑来得到安定，以不使用来得到巩固的。如果有为、有欲，德就无所归宿；德无所归宿，就不完美了。如果使用了，思虑了，德就不能牢固；不牢固，就没有功效；没有功效是由于自求有得。自求有得，就没有德；不自以为有得，就保全了德。所以《老子》说："上德不自以为有得，因此才有德。"

推崇无为、无思作为虚的原因，是说人的心意不受任何牵制，那种不懂道术的人，故意用无为无思来表现虚。故意用无为无思来表现虚的人，他的心意常常不忘记虚，这就是被虚所牵制了。虚是说他的心意不受牵制。现在被虚所牵制，就是不虚了。真正做到虚的人，在对待无为上，不把无为当作经常要注意的事。不把无为当作经常要注意的事，就虚了；虚了，德就充足；德充足了，也就叫做上德。所以《老子》说："上德无为而又无所不为。"

扩展阅读

上德不德[①]，是以有德；下德不失德[②]，是以无德。上德无为而无不为[③]，下德无为而有以为[④]。上仁为之而无以为[⑤]，上义为之而有以为，上礼为之而莫之应，则攘臂而扔之[⑥]。故失道而后德，失德而后仁，失仁而后义，失义而后礼。夫礼者，忠信之薄[⑦]，而乱之首[⑧]。前识者[⑨]，道之华而愚之始[⑩]。是以大丈夫处其厚[⑪]，不居其薄[⑫]；处其实，不居其华。故去彼取此。

（《道德经》三十八章）

【注释】

①不德：不表现为形式上的"德"。

②不失德：外在形式上不失德。

③无不为：无所不为。

④有以为：为实现个人功利而有所作为。以，这里指个人

目的。

⑤为之：有目的地去做。 无以为：无所作为。

⑥应：响应，回应。 攘臂：伸出手臂。 扔：意为强力牵引。

⑦薄：不足、衰薄。

⑧首：首要，这里指罪魁祸首。

⑨前识者：指人的感官所能意识到的，指表面的仁、义、礼。

⑩华：虚华。

⑪处其厚：立身敦厚、朴实。

⑫薄：浮薄，不敦厚朴实。

【译文】

具备“上德”的人不表现为外在形式的德，因此实际上是有德；具备“下德”的人表现为外在的不失德，因此实际是无德。“上德”之人顺应自然而取得无所不为的功绩，“下德”之人顺应自然却为实现个人功利而有所作为。“上仁”之人欲以仁治天下，但却无所作为；“上义”之人欲以义感天下，是为了自己的功利；“上礼”之人欲以礼安天下，却没有人回应他，于是就伸出手臂去强引别人。所以，失去了“道”而后才有“德”，失去了“德”而后才有“仁”，失去了“仁”而后才有“义”，失去了“义”而后才有“礼”。“礼”，是忠信衰薄和社会混乱的罪魁祸首。人的感官所能意识到的，不过是“道”的虚华和愚昧的开始。所以大丈夫应立身敦厚，不居于外在意识的浮薄；应存心朴实，不居于表面现象的虚华。所以要舍弃浮薄虚华而采取朴实敦厚。

点评

在老子的无为思想里，“道”和“德”是最高的精神范畴，而这里的“德”只是指“上德”，而非“下德”。“道”和“德”属于“无为”，即尊重客观规律、顺其自然，而不强加人的主观意志于事物。因为这样的“无为”，所以“上德”者可以“无所不为”。“仁”“义”“礼”属于“有为”，即虽然不脱离客观规律，但是怀着功利之心，按照自己的主观意识办事。因其“无为”就有目的性，故其德沦为“下德”。因为德是事物的本质属性，所以德的养成要靠自我修养积累而成，向外追求有所得也就失德了。那么神不滥用于外，也就保全了自身，具备了德性，体现了无为、无思、无欲、虚静的状态，进而完成了向“上德”的飞跃，所以说“上德不德，是以有德”。君主达到“上德”，就可以实现身全国安。

三十八　图难于易　为大于细

有形之类，大必起于小；行久之物，族必起于少[①]。故曰："天下之难事必作于易[②]，天下之大事必作于细。"是以欲制物者于其细也。故曰："图难于其易也[③]，为大于其细也[④]。"千丈之堤，以蝼蚁之穴溃[⑤]；百尺之室，以突隙之烟焚[⑥]。故曰：白圭之行堤也塞其穴[⑦]，丈人之慎火也涂其隙[⑧]，是以白圭无水难[⑨]，丈人无火患。此皆慎易以避难，敬细以远大者也[⑩]。

扁鹊见蔡桓公[⑪]，立有间[⑫]。扁鹊曰："君有疾在腠理[⑬]，不治将恐深[⑭]。"桓侯曰："寡人无疾[⑮]。"扁鹊出。桓侯曰："医之好治不病以为功[⑯]。"居十日[⑰]，扁鹊复见曰："君之病在肌肤，不治将益深[⑱]。"桓侯不应。扁鹊出。桓侯又不悦。居十日，扁鹊复见曰："君之病在肠胃，不治将益深。"桓侯又不应。扁鹊出。桓侯又不悦。居十日，扁鹊望桓侯而还走[⑲]，桓侯故使人问之[⑳]。扁鹊曰："病在腠理，汤熨之所及也[㉑]；在肌肤，针石之所及也[㉒]；在肠胃，火齐之所及也[㉓]；在骨髓，司命之所属[㉔]，无奈何也。今在骨髓，臣是以无请也[㉕]。"居五日，桓侯体痛，使人索扁鹊[㉖]，已逃秦矣。桓侯遂死。故良医之治病也，攻之于腠理[27]。此皆争之于小者也。夫事之祸福亦有腠理之地，故圣人蚤从事焉[28]。

（《喻老》）

【注释】

①族：众多。

②作：起，开始。

③图：考虑，设法对付。

④这三句话出自《老子》王弼注本六十三章。

⑤蝼：蝼蛄。　蚁：蚂蚁。

⑥突隙：烟囱的裂缝。突，烟囱。

⑦白圭（guī）：战国时水利家，曾任魏惠王的相。　行：巡视。

⑧丈人：老年人。　涂：涂塞。

⑨难（nàn）：灾难。

⑩敬：郑重。　远：离开。

⑪扁鹊：战国初期名医，姓秦名越人，又称卢医，鄚（mò）县（今河北任邱）人。　蔡桓公：即蔡桓侯，名封人。

⑫立有间（jiàn）：站了一会儿。

⑬腠（còu）理：皮肤上的纹理。一说是皮与肌肉之间的白色组织。

⑭恐深：怕会加深。

⑮寡人：君主自称。

⑯之：没有实际意义，可以不译出。

⑰居：停留，隔。

⑱益：更加。

⑲还走：转身跑开。

⑳故：特意，有意。

㉑汤：通“烫”，以药汤熏洗。 熨（yùn）：以药物热敷。
㉒针石：针灸用的金针和石针。
㉓火齐：清火去热的汤药。齐，通“剂”。
㉔司命：传说主宰人类生命的神。 属：管辖。
㉕请：请见，求见。
㉖索：找。
㉗攻：治。
㉘蚤：通“早”。

【译文】

有形状的东西，大的必定从小的发展起来；历时经久的事物，聚集起来的东西，必定从细微的开始积累起来。所以《老子》说：“天下的难事必定开始于简易，天下的大事必定起步于微细。”因此要想控制事物，就要从微细处着手。所以《老子》说：“解决难题要从易处入手，想干大事要从小处开始。”千丈之堤，因为蝼蚁营窟而导致溃决；百尺高屋，因为烟囱漏火而导致焚毁。所以说：白圭巡视长堤时堵塞小洞，老人谨防跑火而涂封缝隙，因此白圭没有水害，老人没有火灾。这些都是谨慎地对待容易处理的事来避免大灾大难的事发生，郑重地对待细小的漏洞以避免大祸临头。

扁鹊拜见蔡桓公，站了一会儿，扁鹊说：“您有病在表皮上，不治怕会加深。”桓侯说：“我没有病。”扁鹊走后，桓侯说：“医生喜欢医治没病的人来作为自己的功劳。”过了十天，扁鹊又拜见桓侯说：“您的病到肌肤了，不治就会进一步加重。”桓侯不理睬。扁鹊走了。桓侯不高兴。过了十天，扁鹊又拜见桓侯说：“您的病到了肠胃，不治会更加厉害。”桓侯还是不予理睬。扁鹊走了。桓侯还是不高兴。过了十天，扁鹊看见桓侯转身就跑，桓侯特意派人问他。扁鹊说：“病在表皮，药物熏敷可以治好；在肌肤，针灸可以治好；在肠胃，清热的汤药可以治好；在骨髓，属于主宰生命之神管辖的范围，我就没有办法了。现在君主病入骨髓，因此我就不再求见说什么了。”过了五天，桓侯全身疼痛，派人找扁鹊，扁鹊已逃往秦国了。于是桓侯病死。所以良医治病，趁它还在表皮就加以治疗，这都是为了抢在事情细小的时候及早处理。事情的祸福也有微见萌芽的时候，所以说圣人能够及早加以处理。

扩展阅读

积土成山，风雨兴焉[①]；积水成渊，蛟龙生焉；积善成德，而神明自得，圣心备焉[②]。故不积跬步，无以至千里[③]；不积小流，无以成江海。骐骥一跃，不能十步[④]；驽马十驾，功在不舍[⑤]。锲而舍之，朽木不折[⑥]；锲而不舍，金石可镂[⑦]。蚓无爪牙之利、筋骨之强，上食埃土，下饮黄泉，用心一也；蟹六跪而二螯，非蛇、蟺之穴无可寄托者，用心躁也[⑧]。是故无冥冥之志者，无昭昭之明；无惛惛之事者，无赫赫之功[⑨]。行衢道者不至，事两君者不容。目不能两视而明，耳不能两听而聪。螣蛇无足而飞，鼫鼠五技而穷[⑩]。《诗》曰[⑪]：“鸤鸠在桑，其子七兮。淑人君子，其仪一兮[⑫]。其仪一兮，心如结兮[⑬]。”故君子结于一也[⑭]。

（《荀子》）

【注释】

①兴：兴起。

②得：获得，得到。　备：具备。

③跬：古代的半步。古代跨出一脚为“跬”，跨出两脚为“步”。

④骐骥：骏马。　步：长度单位，六尺为一步。

⑤驾：马拉车一天所走的路程叫“一驾”。　舍：舍弃，停止。

⑥锲：用刀雕刻。

⑦镂：在金属上雕刻。

⑧跪：蟹脚。 螯：螃蟹等节肢动物身前的大爪。 蟺：同“鳝”，指鳝鱼。

⑨冥冥、惛惛：昏暗不明的样子，这里形容专心致志。惛，通“晕”。 昭昭：明白的样子。

⑩螣（téng）蛇：古代传说中的一种能飞的神蛇。 鼫（shí）鼠：鼫鼠能飞但不能飞上屋顶，能爬树但不能爬到树梢，能游泳但不能渡过山谷，能挖洞但不能藏身，能奔跑但不能追过人，所以说它“五技而穷”。 穷：窘困，困境。

⑪引诗出自《诗经·曹风·鸤鸠》。

⑫仪：通“义”，道义。

⑬结：名词，结扣，打的结。

⑭结：动词，集结，结聚不散开。

【译文】

堆积土石成了高山，风雨就会在那里兴起；汇积水流成为深渊，蛟龙就会在那里产生；积累善行成为有道德的人，自然会心智澄明，也就有了圣人的思想境界。所以不积累一步半步，就无法达到千里之远；不积累细小的流水，就无法汇成江海。骏马一跃，不会满六丈；劣马跑十天，（也能跑很远），它的成功就在于不停地跑。雕刻东西，如果刻几下就停下来，那么腐烂的木头也不能刻断；如果不停地刻下去，那么金石也能雕刻。蚯蚓没有锋利的爪子和牙齿，没有强壮的筋骨，但它向上能吃到泥土，向下可以喝到泉水，这是因为它用心专一；螃蟹有六条腿，两个大爪，但如果没有蛇、鳝的洞穴就无处栖身，这是因为它用心浮躁。所以没有潜心钻研的精神，就不会有洞察一切的聪明；没有专心致志的工作，就不会有显赫卓著的功绩。徘徊于歧路的人到不了目的地，同时侍奉两个君主的人不能被双方容许。眼睛不能同时看清两个东西，耳朵不能同时听清两种声音。螣蛇没有脚却能飞行，鼫鼠有五种技能却陷于困境。《诗》云："布谷鸟住在桑树上，七只小鸟它喂养。善人君子，道义相同。道义相同，思想就像打了结。"所以君子总是把精神集中于一点。

点评

大必起于小，一方面是"千里之堤，毁于蚁穴"，一方面则是"不积跬步，无以至千里"。因此，解决难题就要从问题小时处理，做大事就要从小处入手。扁鹊见蔡桓公的故事就向人们揭示了这两种处世方法：蔡桓公忽视小病，讳疾忌医，最后酿成不治之症，死于非命。扁鹊是一位名医，治病从皮肤上的小毛病着手，不让它恶化到不可医治的地步，这就叫良医。由此得出结论：祸福的由来都是起于小事。小事尚且容易处理，所以要及早采取措施，防止事情发展到不可收拾的地步。所以说："良医之治病也，攻之于腠理。"

三十九　取人之道　弃之言貌

澹台子羽[①]，君子之容也[②]，仲尼几而取之[③]，与处久而行不称其貌[④]。宰予之辞[⑤]，雅而文也，仲尼几而取之，与处久而智不充其辩。故孔子曰："以容取人乎，失之子羽[⑥]；以言取人乎，失之宰予。"故以仲尼之智而有失实之声[⑦]。今之新辩滥乎宰予，而世主之听眩乎仲尼[⑧]，为悦其言[⑨]，因任其身，则焉得无失乎[⑩]？是以魏任孟卯之辩[⑪]，而有华下之患[⑫]；赵任马服之辩[⑬]，而有长平之祸[⑭]。此二者任辩之失也。夫视锻锡而察青黄[⑮]，区冶不能以必剑[⑯]；水击鹄雁[⑰]，陆断驹马，则臧获不疑钝利。发齿吻形容[⑱]，伯乐不能以必马[⑲]；授车就驾，而观其末涂[⑳]，则臧获不疑驽良。观容服，听辞言，仲尼不能以必士；试之官职，课其功伐[㉑]，则庸人不疑于愚智。故明主之吏，宰相必起于州部[㉒]，猛将必发于卒伍[㉓]。夫有功者必赏，则爵禄厚而愈劝[㉔]；迁官袭级[㉕]，则官职大而愈治。夫爵禄大而官职治，王之道也[㉖]。

（《显学》）

【注释】

①澹（tán）台子羽：姓澹台，名灭明，字子羽，春秋末期鲁国人，孔丘的门徒。

②容：仪表。

③几（jī）：接近，相似。

④称（chèn）：相称。

⑤宰予：字子我，春秋末期鲁国人，孔丘的门徒，以善辩出名。

⑥之：在……上。

⑦声：感叹。

⑧眩：迷惑，迷乱。

⑨为：由于。

⑩焉：怎么。

⑪孟卯：即芒卯，一作昭卯，战国时魏国的相，有口才。

⑫华下之患：公元前273年，孟卯率魏军联合赵军攻韩，秦将白起来救，战于华下，魏、赵联军大败，死伤十五万。华下，即华阳，战国时韩国地名，位于今河南密县东北。

⑬马服：山名，位于今河北邯郸西北。赵国名将赵奢以功封为马服君，这里指他的儿子赵括。

⑭长平之祸：公元前260年，秦攻赵，与赵军相拒于长平，好纸上谈兵的赵括兵败，赵军被坑杀四十万。长平，赵国地名，位于今山西高平西。

⑮锻锡：古人锻炼金属时掺的锡。　青黄：锻炼金属时的火色。

⑯区（ōu）冶：人名，即欧冶子，春秋末期越国人，铸剑名匠。

⑰鹄（hú）：水鸟名，俗称天鹅。

⑱发：打开。　吻：嘴唇。　形容：形体与容貌。

⑲伯乐：人名，春秋末期晋国人，善于相马。

⑳涂：通“途”。
㉑课：考核。　功伐：功绩。
㉒州部：古代一种基层行政单位。
㉓卒伍：指军队的基层单位。
㉔劝：勉励。
㉕迁：升。　袭级：逐级提升。袭，层层上加。
㉖王（wàng）：称王，即统治天下。

【译文】

澹台子羽，有君子的仪容，孔子认为他是位君子，便收留他，相处一久，发现他的品行与仪表不相称。宰予说话文雅流利，孔子以为他真的文雅，便收他为徒，长久相处，才发现他的智力不如他的口才，因此孔子说：“以貌取人，在子羽身上我出了差错；以言取人，我在宰予身上出了差错。”所以像孔子这样明智的人，还在看人、用人上感慨失误。现在出现的辩说之辞，胜过了宰予，而当代君主的判断力比不上孔子，因为喜欢他的言论，就任用他，这怎能不出差错呢？所以魏国听信孟卯的辩辞，导致了华阳之战的惨祸；赵国听信马服君赵括纸上谈兵，酿成了长平之战的灭顶之灾。这两件事都是任用能言善辩之徒失误造成的恶果。铸剑只看掺锡的多少和炉火的颜色，就是欧冶子也不能断定宝剑的质量；用它在水中砍杀鹄雁，在陆上斩杀马匹，就是奴婢也不会对它的利钝判断错误。只是掰开马口看牙齿和看马的外形，就是伯乐也无法判断马的好坏；要是驾车上路，看马跑到终点的远近距离，就是奴婢对马的优劣也会看得清清楚楚。只看人的相貌、衣着，只听他说话议论，孔子也难以断定任职才能；让他在官位上试一试，考察他的办事成效，就是平常人也能分辨出愚智。因此，明君手下的高官，宰相必定从地方小吏中选任，猛将必定从士兵中提拔。有功的人必定得到赏赐，那么爵位越高俸禄越丰厚，他们就越受激励；逐级提升官职，那么官位越高，办事就越有成效。高官厚禄，吏治整饬，才是称王天下的正确道路。

扩展阅读

孔子曰："凡人心险于山川，难于知天[①]。天犹有春秋冬夏旦暮之期[②]，人者厚貌深情[③]。故有貌愿而益[④]，有长若不肖[⑤]，有慎懁而达[⑥]。有坚而漫[⑦]，有缓而焊[⑧]。故其就义若渴者[⑨]，其去义若热[⑩]。故君子远使之而观其忠[⑪]，近使之而观其敬[⑫]，烦使之而观其能[⑬]，卒然问焉而观其知[⑭]，急与之期而观其信[⑮]，委之以财而观其仁[⑯]，告之以危而观其节[⑰]，醉之以酒而观其则[⑱]，杂之以处而观其色[⑲]。九征至[⑳]，不肖人得矣[㉑]。"

（《庄子·杂篇·列御寇》）

【注释】

①天：自然界及其规律。

②旦暮：早晚。　期：周期。

③厚：复杂。　深：深藏难测。

④愿：指谦虚谨慎，端庄老实。　益：通"溢"，骄溢自满。

⑤长：善，指有良好的才智。　不肖：指没有才智。

⑥慎：谨慎，拘谨。　懁（xuān）：急躁。　达：通达。

⑦坚：坚强，坚韧。　漫：涣散，软弱。

⑧缓：和缓，舒缓。　焊（hàn）：通"悍"，强悍。

⑨就义：趋义，追求仁义。

⑩去义：逃避仁义，抛弃仁义。

⑪使：派遣。　观：考察，观察。

⑫敬：恭敬不怠。

⑬烦：烦杂，纷乱。　能：才能，能力。

⑭卒（cù）：通“猝”，突然。　知：通“智”，智慧，心智。
⑮急：急迫，紧迫。　期：约定，期限。　信：信用。
⑯委：委托。　仁：仁德，仁义。
⑰危：为难，危险。　节：节操。
⑱则：仪态，规矩。
⑲杂：混杂。　色：态度。
⑳征：验证，检验。　至：得到，做到。
㉑得：得到，获得。

【译文】

孔子说：“人心比山川险恶，比知天还困难；天还有春夏秋冬和早晚时间的限定，人却有复杂多变的表情和深藏难测的情感。所以有的人外貌端庄老实而思想骄溢蛮横，有的人外表聪明而内心愚蠢，有的人外表谨慎急躁却通晓情理，有的人外表坚强而内心懈怠涣散，有的人外表舒缓柔弱而内心强悍。所以人们追求仁义犹如口渴而思饮，抛弃仁义又如避开炽热。所以君子让人远离自己做事来考验他的忠诚，让人到自己身边做事来考验他的恭敬，让人处理烦杂的事务来考验他的能力，对人突然提出问题来考验他的心智，交给人期限紧迫的任务来观察他们是否守信用，把钱财委托他们来考验他们是否清廉，告诉他们危险来考验他们的节操，让他们酒醉观察他们的仪态，用男女混杂相处的方式来观察他们的态度。以上这九种验证做到，不肖的人就可看得出来了。”

点评

人心难测，知人比知天还困难。孔子对人的品质德行提出了九种验证方法，而且这九种都要做到，才能观察出不肖之人。难度之大可知矣。孔子用人有两次失误，以貌取人，在子羽身上出现了偏差；以言取人，在宰予身上出现了错误。一个是仪表像君子，行为与之不相称；一个是口才好，但智慧与口才不相称。以孔子之圣，尚出偏颇，何况平庸之君呢？魏、赵国君任将的失误，招致近六十万人的惨死，血的教训进一步告诫人们，实践出真知，人们必须在实践中逐级提升自己的认识。

四十　三言成虎　众口铄金

庞恭与太子质于邯郸[1]，谓魏王曰："今一人言市有虎，王信之乎?"曰："不信。""二人言市有虎，王信之乎?"曰："不信。""三人言市有虎，王信之乎?"王曰："寡人信之。"庞恭曰："夫市之无虎也明矣，然而三人言而成虎。今邯郸之去魏也远于市[2]，议臣者过于三人，愿王察之。"庞恭从邯郸反[3]，竟不得见。

（《内储说上》）

【注释】

①庞恭：人名。　质：抵押，这里指在其他诸侯国充作人质。　邯郸：赵国的都城，位于今河北邯郸西南。

②去：距离，离开。

③反：同“返”。

【译文】

庞恭陪太子到赵都邯郸做人质。庞恭对魏王说：“如今有一个人说集市上有老虎，大王相信吗?”魏王说：“不相信。”“两个人说集市上有老虎，大王相信吗?”魏王说：“不相信。”“三个人说集市上有老虎，大王相信吗?”魏王说：“我相信了。”庞恭说：“集市上没有老虎是很清楚的，但是三个人的言论就造出了一只老虎。现在邯郸离魏国比这儿离集市远得多，妄议我的人也比三个人多，希望大王明察真情。”庞恭从邯郸回来后，最终还是没能见到魏王。

扩展阅读

故百里奚乞食于路，穆公委之以政[①]；宁戚饭牛车下，而桓公任之以国[②]。此二人者，岂借宦于朝，假誉于左右，然后二主用之哉？感于心，合于行，亲于胶漆，昆弟不能离[③]，岂惑于众口哉？故偏听生奸，独任成乱。昔者鲁听季孙之说而逐孔子[④]；宋信子罕之计而囚墨翟[⑤]。夫以孔、墨之辩，不能自免于谗谀，而二国以危。何则？众口铄金，积毁销骨也[⑥]。是以秦用戎人由余而霸中国，齐用越人蒙而强威、宣[⑦]。此二国，岂拘于俗，牵于世，系阿偏之辞哉[⑧]？公听并观，垂名当世。

（《史记·鲁仲连邹阳列传》）

【注释】

①百里奚：人名。 穆公：指秦穆公。

②宁戚：人名，春秋时卫国人。 饭牛：喂牛。 桓公：齐桓公。

③胶漆：胶和漆。比喻情投意洽，亲密无间。 昆弟：兄弟。

④鲁：指鲁君。 季孙：季孙氏，鲁国的执政大夫。

⑤宋：指宋君。 子罕：人名。

⑥铄：熔化。 毁：毁谤。

⑦由余：人名。 威、宣：齐威王、齐宣王。

⑧拘：拘泥。 系：束缚。 阿偏：不公正。阿，偏袒。

【译文】

所以百里奚在路上行乞，秦穆公把国政委交于他；宁戚在车下喂牛，齐桓公任命他处理国事。这两个人，难道是在朝中借助官宦的力量、左右亲信的吹捧浮夸，然后才博得穆公、桓公的重用吗？君主与臣子感于心，合于行，亲密如同胶漆，像亲兄弟一样不能分离，难道还能被众多的谗言迷惑吗？所以，只听一面之词就会产生邪恶，只任用个别人就会造成混乱。从前鲁君听了季孙的话，赶走了孔子；宋君相信子罕的计策，囚禁了墨子。以孔子、墨子的辩才，都不能自免于谗言的伤害，因而鲁、宋两国出现了危机。为什么会这样？众口一词，虽金石亦可熔化；毁谤多了，纵骨肉亦遭毁灭。所以秦穆公任用了戎人由余而称霸中国，齐国任用了越人蒙而使威王、宣王两代强盛。秦、齐两国，难道是拘泥于流俗，牵累于世风，束缚于不公正的谗言吗？他们能公正地听取意见，并且全面地观察事情，所以垂名于当世。

点评

“三言成虎”和“众口铄金”喻意相同，比喻舆论力量的强大，也比喻众口一词可以混淆视听。但是如果传言并非属实，人们又不加以验证而偏听偏信，就会造成“积毁销骨”的后果。有人信奉“谬误重复千遍就会变成真理”这句话，结果他始终没有掌握真理，终不免于灭亡。可是，在一个短暂时间内，传言确曾蒙蔽过一些善良的人。“三人言而成虎”，不论在古代和现代，都骗过一些无知的人，被骗的形式不同，但本质都是一个——“无中生有”。揭露这种骗术唯一有效的办法就是进行验证。君主治国用人，需“公听并观”，不“系于阿偏之辞”，才能“垂名当世”。

四十一　秦伯嫁女　楚人卖珠

楚王谓田鸠曰[①]："墨子者[②]，显学也[③]。其身体则可，其言多而不辩[④]，何也？"曰："昔秦伯嫁其女于晋公子[⑤]，令晋为之饰装，从衣文之媵七十人[⑥]。至晋，晋人爱其妾而贱公女。此可谓善嫁妾，而未可谓善嫁女也。楚人有卖其珠于郑者[⑦]，为木兰之椟[⑧]，薰以桂椒[⑨]，缀以珠玉[⑩]，饰以玫瑰[⑪]，辑以翡翠[⑫]。郑人买其椟而还其珠。此可谓善卖椟矣，未可谓善鬻珠也[⑬]。今世之谈也，皆道辩说文辞之言[⑭]，人主览其文而忘有用。墨子之说，传先王之道，论圣人之言，以宣告人。若辩其辞[⑮]，则恐人怀其文忘其直[⑯]，以文害用也。此与楚人鬻珠、秦伯嫁女同类，故其言多不辩。"

（《外储说左上》）

【注释】

①田鸠：即田俅（qiú），战国时齐国人，墨家人物。

②墨子：指墨翟（dí，约前480—约前420），战国初期鲁国人，曾做过宋国大夫，善木工，墨家学派的创始人。

③显学：声名显赫的学派。

④身体：亲自实践。　辩：有口才，说话动听。

⑤秦伯：秦国君主。秦国国君始封时爵位是伯，故又称秦

伯。　公子：诸侯的儿子，除太子外，都称公子。
⑥文：指彩色华丽的衣服。　媵（yìng）：陪嫁的妾。
⑦郑：诸侯国名。姬姓。位于河南中部，黄河以南地区。
⑧木兰：树名，皮有香气，木质优良。　椟（dú）：匣子。
⑨薰：通“熏”。　桂椒：肉桂和花椒，是两种香料。
⑩缀：编织，点缀。
⑪玫瑰：红色的玉。
⑫辑：聚。　翡翠：绿色的玉。
⑬鬻（yù）：卖。
⑭辩说文辞：动听漂亮的话。
⑮辩其辞：修饰美化它的文辞。
⑯直：通“值”，价值。

【译文】

楚王对田鸠说：“墨子是当今赫赫有名的学者。他的亲身实践还算可以，他的话讲得很多，但是不动听，这是什么原因呢?”田鸠回答说：“从前，秦伯把他的女儿嫁给晋国公子，让晋国为他的女儿办置妆饰，跟随陪嫁的女子有七十人，她们的衣着都很华丽。到了晋国，晋国人反而喜欢陪嫁的妾，而看不起秦伯的女儿。这可以说是善于嫁妾，却不能说是善于嫁女啊！有个楚国人到郑国去卖他的宝珠。他用名贵的木兰香木做了一个精美的匣子，用桂、椒一类香料熏烤它，用珠玉点缀它，用玫瑰装饰它，用翡翠衬托它。郑国人只买了他的匣子，却退还了宝珠。这可以说是善于卖匣子，却不能说是善于卖宝珠啊！当今世人的言谈，说的尽是些华丽动听的辞令，君主往往只欣赏言辞的华美，却忽视了它的实用价值。墨子的学说，是传授先王治国的办法，阐述圣人的言论，并把它宣告于天下人。假如只想使言辞动听，那恐怕人们就会只追求言辞华美而忽视它的实用价值，因为言辞而损害了实用性。这跟楚人卖珠和秦伯嫁女是同一个道理，所以墨子讲的话虽然很多，但是不动听。”

扩展阅读

信言不美，美言不信[①]。善者不辩，辩者不善[②]。知者不博，博者不知[③]。圣人不积[④]，既以为人己愈有，既以与人己愈多[⑤]。天之道，利而不害。圣人之道，为而不争。

（《道德经》）

【注释】

①信言：真实可信的话。信，真实，可靠。

②善者：善良的人。　辩：巧辩，能说会道。

③博：广博，渊博，博学。

④积：堆积。

⑤既：已经。　与：给予。　愈：越，更。

【译文】

真实可信的话不漂亮，漂亮的话不真实。善良的人不巧辩，巧辩的人不善良。明于道的人不一定博学，博学的人不见得就明于道。圣人没有堆积起来的私心与欲望。圣人尽力帮助别人，他自己也更为充实；他尽力给予别人，自己内心也更丰富。自然的规律是让万事万物都得到利益而不伤害它们。圣人的行为准则是，虽有作为但不与人争。

点评

韩非用这两个故事来说明过分地讲求形式，反而会损害其内容。所谓“信言不美，美言不信”“忠言逆耳利于行，良药苦口利于病”，都在告诉人们不要只追求华美的外在形式，而忽视了事物的内在价值。因此为人处世不能舍本逐末，轻重倒置，专注于形式。口才雄辩，文章华丽，却不切实用，谓之哗众取宠。常人取之，不关饮食日用，无益于生计；国君取之，虽然有动听悦耳之名，却招来以文害用之祸，落一个善卖椟、善嫁妾之名。被花言巧语蒙蔽也好，善于搞华而不实名堂的人也好，一个个身败名裂，一事无成，所有这些足令世人警醒。

四十二　君主逆鳞　能者不婴

昔者郑武公欲伐胡[①]，故先以其女妻胡君以娱其意[②]。因问于群臣："吾欲用兵，谁可伐者？"大夫关其思对曰[③]："胡可伐。"武公怒而戮之[④]，曰："胡，兄弟之国也。子言伐之，何也？"胡君闻之，以郑为亲己[⑤]，遂不备郑[⑥]。郑人袭胡，取之。

宋有富人[⑦]，天雨墙坏。其子曰："不筑，必将有盗。"其邻人之父亦云[⑧]。暮而果大亡其财。其家甚智其子[⑨]，而疑邻人之父。此二人说者皆当矣[⑩]，厚者为戮，薄者见疑，则非知之难也，处知则难也[⑪]。故绕朝之言当矣[⑫]，其为圣人于晋，而为戮于秦也[⑬]，此不可不察。

昔者弥子瑕有宠于卫君[⑭]。卫国之法[⑮]：窃驾君车者罪刖[⑯]。弥子瑕母病，人间往夜告弥子[⑰]，弥子矫驾君车以出[⑱]。君闻而贤之，曰："孝哉！为母之故，忘其刖罪。"异日，与君游于果园，食桃而甘，不尽，以其半啖君[⑲]。君曰："爱我哉！忘其口味[⑳]，以啖寡人。"及弥子色衰爱弛，得罪于君，君曰："是固尝矫驾吾车，又尝啖我以余桃。”故弥子之行未变于初也，而以前之所以见贤而后获罪者，爱憎之变也。故有爱于主，则智当而加亲，有憎于主，则智不当见罪而加疏。故谏说谈论之士，不可不察爱憎之主而后说焉。

夫龙之为虫也[21]，柔可狎而骑也[22]；然其喉下有逆鳞径尺[23]，若人有婴之者[24]，则必杀人。人主亦有逆鳞，说者能无婴人主之逆鳞，则几矣[25]。

（《说难》）

【注释】

①昔者：从前。　郑武公：名掘突，春秋初期郑国君主。　胡：诸侯国名。归姓。位于今安徽阜阳。

②故：故意。　妻（qì）胡君：嫁给胡国的君主为妻。　娱其意：使他快乐。

③关其思：人名。　对：回答。

④戮（lù）：杀。

⑤郑：诸侯国名。姬姓。位于今河南中部，黄河以南。

⑥遂：于是，就。

⑦宋：诸侯国名。子姓。位于今山东、河南、安徽、江苏之间地区。

⑧父（fǔ）：老年人。

⑨甚智其子：认为他儿子很聪明。智，形容词用作动词。

⑩此二人：指关其思和邻人之父。

⑪处：对待，处理。

⑫绕朝之言：指晋大夫士会逃到秦国后，晋国用计谋诱骗他回国，绕朝识破这种计谋，劝秦康公不要让士会回去，秦康公不听。见《左传》文公十三年。绕朝，人名，春秋时秦国的大夫。

⑬为：被，遭到。

⑭弥子瑕（xiá）：人名，卫灵公宠幸的臣子。 卫君：指卫灵公，名元，春秋时卫国君主。

⑮卫国：诸侯国名。姬姓。位于今河南东北部、河北、山东部分地区。

⑯刖（yuè）：砍掉脚的刑罚。

⑰间（jiàn）往：抄近路去。

⑱矫：假托（君命）。

⑲啖（dàn）：吃，给人吃。

⑳口味：喜欢吃的东西。

㉑虫：泛指动物。

㉒狎（xiá）：戏弄。

㉓逆鳞：倒长的鳞片。 径尺：直径长一尺。

㉔婴：通“撄”（yīng），触动。

㉕几：差不多。

【译文】

从前郑武公想讨伐胡国，于是先把自己的女儿嫁给胡国君主来使他放松戒备。然后问群臣：“我想用兵，哪个国家可以讨伐？”大夫关其思回答说：“胡国可以讨伐。”武公发怒而杀了他，说："胡国是兄弟国家，你说讨伐它，是何道理?"胡国君主听说了，认为郑国和自己友好，于是不再防备郑国。郑国偷袭并攻占了胡国。

宋国有个富人，下雨把墙淋塌了，他儿子说："不修的话，必将有盗贼来偷。"邻居的老人也这么说。到了晚上，果然有大量财物被窃。这家富人认为儿子聪明，却对邻居老人起了疑心。关其思和这位老人的话都恰当，而重的被杀，轻的被怀疑；那么，不是了解情况有困难，而是处理所了解的情况很困难。因此，绕朝的话本是对的，但他在晋国被看成圣人，在秦国却遭杀害，这是不可不注意的。

从前弥子瑕曾受到卫国国君的宠信。卫国法令规定，私自驾驭国君的车子的，论罪要处以刖刑。弥子瑕母亲病了，有人抄近路连夜通知弥子瑕，弥子瑕假托君命驾驭君车而出。卫君听说后，却认为他德行好，说："真孝顺啊！为了母亲的缘故，忘了自己会受刖刑惩罚。"另一天，他和卫君在果园游览，吃桃子觉得甜，没有吃完，就把剩下的半个给卫君吃。卫君说："多么可爱啊！不顾自己口福来给我吃。"等到弥子瑕宠衰爱弛时，得罪了卫君，卫君说："这人以前就曾假托君命私自驾驭我的车子，又曾经把吃剩的桃子给我吃。"所以，虽然弥子瑕的行为和当初并没有两样，但先前称贤、后来获罪的原因，是卫君的爱憎有了变化。所以被君主宠爱时，才智就显得恰当而更受亲近；被君主憎恶时，才智就显得不恰当，遭到谴责而更被疏远。所以谏说谈论的人不可不察看君主的爱憎，然后进说。

龙作为一种动物，驯服时可以戏弄着骑它；但它喉下有直径一尺长的逆鳞片，假使有人动它的话，就一定会受到伤害。君主也有逆鳞，进说者能不触动君主的逆鳞，就差不多成功了。

扩展阅读

赵太后新用事①，秦急攻之。赵氏求救于齐。齐曰："必以长安君为质，兵乃出②。"太后不肯，大臣强谏。太后明谓左右："有复言令长安君为质者③，老妇必唾其面。"

左师触龙言愿见太后④。太后盛气而揖之⑤。入而徐趋，至而自谢⑥，曰："老臣病足，曾不能疾走，不得见久矣，窃自恕，而恐太后玉体之有所郄也⑦，故愿望见太后。"太后曰："老妇恃辇而行⑧。"曰："日食饮得无衰乎？"曰："恃鬻耳⑨。"曰："老臣今者殊不欲食，乃自强步，日三四里，少益耆食，和于身也⑩。"太后曰："老妇不能。"太后之色少解。

左师公曰："老臣贱息舒祺⑪，最少，不肖。而臣衰，窃爱怜之。愿令得补黑衣之数，以卫王宫，没死以闻⑫。"太后曰："敬诺。年几何矣？"对曰："十五岁矣。虽少，愿及未填沟壑而托之⑬。"太后曰："丈夫亦爱怜其少子乎？"对曰："甚于妇人。"太后笑曰："妇人异甚。"对曰："老臣窃以为媪之爱燕后贤于长安君⑭。"曰："君过矣，不若长安君之甚。"左师公曰："父母之爱子，则为之计深远。媪之送燕后也，持其踵为之泣⑮，念悲其远也，亦哀之矣。已行，非弗思也，祭祀必祝之，祝曰：'必勿使反⑯！'岂非计久长，有子孙相继为王也哉？"太后曰："然。"左师公曰："今三世以前，至于赵之为赵，赵主之子孙侯者，其继有在者乎⑰？"曰："无有。"曰："微独赵⑱，诸侯有在者乎？"曰："老妇不闻也。""此其近者祸及身，远者及其子孙。岂人主之子孙则必不善哉？位尊而无功，奉厚而无劳，而挟重器多也⑲。今媪尊长安君之位，而封之以膏腴之地，多予之重器，而不及今令有功于国。一旦山陵崩⑳，长安君何以自托于赵？老臣以媪为长安君计短也，故以为其爱不若燕后。"太后曰："诺。恣君之所使之㉑。"于是为长安君约车百乘质于齐，齐兵乃出㉒。

（《战国策·赵策》）

【注释】

①赵太后：赵惠文王威后，赵孝成王之母。 用事：执政，当权。

②长安君：赵太后幼子。 质：人质。 乃：才。

③明谓左右：明确地对大臣说。

④左师：官名，是有实权的执政官。

⑤揖：等待。

⑥徐趋：慢慢地往前走。 谢：道歉。

⑦疾：快。 窃：私下。 郄（xì）：同“隙”，病体。

⑧恃：依靠。

⑨鬻（yù）：粥的本字。

⑩强：勉强。 少：稍微。 耆（shì）：通“嗜”，喜爱。

⑪贱息：对自己儿子的谦称。

⑫黑衣：赵国侍卫的服装，用以指代宫廷卫士。 没死：冒着死罪。

⑬填沟壑：死的委婉说法。

⑭媪：对年老妇人的尊称。 燕后：赵太后之女，远嫁燕国为后。

⑮踵：脚后跟。

⑯祝：祈祷。 反：通“返”，回来，返回。古代诸侯嫁女于他国为后，若非失宠被废、夫死无子或亡国失位，是不能回国的。

⑰三世以前：指赵武灵王。孝成王之父为惠文王，惠文王之父为武灵王。 继：继承人。

⑱微独：非独，不仅，不单。微，非，不。

⑲奉：指俸禄。 重器：珍贵的器物。

⑳山陵：喻帝王，此处指赵太后。 崩：比喻帝王死。

㉑恣：任凭。 使：派遣。

㉒约：置办。 乘：辆。

【译文】

赵太后刚刚执政，秦国就猛烈进攻赵国。赵国向齐国求救。齐国说："必须用长安君作为人质，才出兵。"赵太后不同意，大臣们极力劝说。太后明确告诉大臣们："有再说让长安君做人质的，我一定把唾沫吐在他的脸上。"

左师触龙希望觐见太后。太后气冲冲地等待他。触龙进来后慢步走向太后，到了跟前谢罪说："老臣脚有病，不能快走，好久没能来拜见您了，我私下原谅自己，可是怕太后玉体欠安，所以很想来看看您。"太后说："我靠车子才能行动。"触龙说："每天的饮食该不会减少吧？"太后说："不过喝点粥罢了。"触龙说："老臣近来胃口很不好，就自己勉强散散步，每天走三四里，稍微增加一点食欲，身体也舒畅了些。"太后说："我可做不到。"太后的脸色稍微和缓了些。

触龙说："老臣的劣子舒祺，年纪最小，不成才。臣老了，心里很爱怜他。希望他能充当宫里的侍卫，来保卫王宫。所以我冒着死罪来禀告您。"太后说："好。他多大了？"触龙回答说："十五岁了。虽然还小，希望在老臣没死之前先托付给太后。"太后说："男子也疼爱他的小儿子吗？"回答说："比妇人更爱。"太后笑道："妇人比男子更爱。"触龙说："老臣私下认为，太后爱女儿燕后胜过爱长安君。"太后说："您错了，比不上对长安君爱得深。"触龙说："父母疼爱子女，就要为他们长远考虑。太后送燕后出嫁的时候，抱着她的脚为她哭泣，是悲痛她嫁得远。燕后走后，您不是不想念她，每逢祭祀一定为她祈祷，说：'一定别让她回来啊！'难道不是为她考虑长远，希望她有子孙可以相继为燕王吗？"太后说："是这样。"触龙说："从现在往上推三代，直到赵氏建立赵国的时候，赵国君主的子孙凡被封侯的，他们的后代还有继承爵位的吗？"太后说："没有。"触龙说："不只是赵国，其他诸侯国有这种情况吗？"太后说："我没听说过。"触龙说："这是他们近的灾祸及于自身，远的及于他们的子孙。难道这些君王的子孙一定都不好吗？他们地位尊贵却没什么功绩，俸禄优厚却不曾有所操劳，而拥有许多珍宝。现在太后使长安君地位尊贵，把富裕肥沃的土地封给他，又赐予他大量珍宝，却不趁现在使他有功于国。有朝一日您不在了，长安君在赵国凭什么立身呢？老臣认为您为长安君考虑得太短浅了，所以以为您对他的爱不如对燕后深。”太后说：“行了。任凭你派遣他到什么地方去。”于是为长安君准备了百辆车子，到齐国去做人质，齐国于是就出兵了。

点评

君臣利害各异，必然造成君主的多疑，喜怒无常，有时表现为宽容，有时表现为残暴，其心理活动往往呈现多变的复杂状态。正所谓“伴君如伴虎”，这是有志于进说的法术之士应当切切牢记的，所以韩非以“无婴人主之逆鳞”相警告。触龙深知此理，在太后盛怒、坚决拒谏的情况下，避其锋芒，投其所好，晓之以理，动之以情，循循善诱，使赵太后改变了原来的固执态度，救赵国于水火之中。

四十三　见小曰明　未兆易谋

昔者纣为象箸而箕子怖[①]，以为象箸必不加于土铏[②]，必将犀玉之杯；象箸玉杯必不羹菽藿[③]，则必旄、象、豹胎[④]；旄、象、豹胎必不衣短褐而食于茅屋之下[⑤]，则锦衣九重[⑥]，广室高台[⑦]。吾畏其卒，故怖其始[⑧]。居五年，纣为肉圃[⑨]，设炮烙[⑩]，登糟丘[⑪]，临酒池[⑫]，纣遂以亡。故箕子见象箸以知天下之祸。故曰："见小曰明[⑬]。"

昔晋公子重耳出亡[⑭]，过郑[⑮]，郑君不礼[⑯]。叔瞻谏曰[⑰]："此贤公子也，君厚待之，可以积德。"郑君不听。叔瞻又谏曰："不厚待之，不若杀之[⑱]，无令有后患[⑲]。"郑君又不听。及公子返晋邦，举兵伐郑，大破之，取八城焉。晋献公以垂棘之璧假道于虞而伐虢[⑳]，大夫宫之奇谏曰[㉑]："不可。唇亡而齿寒，虞、虢相救，非相德也。今日晋灭虢，明日虞必随之亡。"虞君不听，受其璧而假之道。晋已取虢，还反灭虞[㉒]。此二臣者，皆争于腠理者也[㉓]，而二君不用也。然则叔瞻、宫之奇亦虞、郑之扁鹊也，而二君不听，故郑以破，虞以亡。故曰："其安易持也，其未兆易谋也[㉔]。"

（《喻老》）

【注释】

①纣（zhòu）：指商纣，商朝最后一个王。 为：制作。 象箸（zhù）：象牙筷子。 箕子：纣王的叔父，官为太师。

怖：害怕，担忧。

②土铏（xíng）：盛汤的陶制器皿。

③菽（shū）：豆类植物。 藿（huò）：豆叶。

④旄（máo）、象、豹胎：旄、象、豹未出生的幼体，指难得的精美食物。旄，牦牛。

⑤衣（yì）：穿衣，名词用作动词。 短褐：粗毛布做的短衣。

⑥锦衣：用华美的丝织品做的衣服。 九重：九层，形容穿的锦衣套数多，表示阔气。

⑦台：土筑成的高台、高建筑物，供观望游乐用。

⑧卒：终，结果。

⑨肉圃：即肉林，悬挂大量肉类的地方。

⑩炮烙（páo luò）：本作“炮格”，烤肉用的铜格，又用作杀人的刑具。

⑪糟丘：酒糟堆积而成的小山。

⑫酒池：盛酒的池子。

⑬这句话出自《老子》王弼注本五十二章。

⑭重耳出亡：重耳被迫奔狄以后，因受晋惠公迫害，又流亡到齐、秦等国，最后在秦穆公帮助下，立为晋君。重耳，晋文公名。

⑮郑：诸侯国名。姬姓。位于今河南中部，黄河以南地区。

⑯郑君：指郑文公，名捷。

⑰叔瞻：人名，郑国的大夫。

⑱不若：不如。

⑲无令：不使。

⑳晋献公（？—前651）：春秋时晋君，名桅诸。重耳之父，公元前661至前651年在位。 垂棘：春秋时晋地，以出美玉著称。 璧：美玉的通称。 虞（yú）：古国名。姬姓。周武王时立国。开国之君为古公亶父之子虞仲，国址在今山西平陆北。 虢（guó）：古国名。姬姓。在今河南陕县。

㉑宫之奇：春秋时虞国大夫。“辅车相依，唇亡齿寒”就是他劝谏虞君的名言。

㉒还：返回。

㉓争于腠理：指注重治疗皮肤上一类的小毛病。

㉔这句话出自《老子》王弼注本六十四章。

【译文】

从前商纣制作了象牙筷子，箕子非常担忧，认为象牙筷子一定不会配合着陶制器皿使用，一定会配合使用犀牛角杯或玉杯；象牙筷玉杯一定不会用于吃豆类叶子熬的浓汤，一定要去吃牦牛、大象、豹子的胎儿；吃牦牛、大象、豹子的胎儿就一定不会穿粗布短衣，不会在茅屋下食用，就一定要穿多层的织锦衣服，住上宽敞的房屋和在高台上游乐。箕子害怕后果严重，所以深为这样的开端担忧。过了五年，商纣摆设肉林，建炮烙之刑，登上酒糟山，俯临美酒池，因而丧身。因此箕子看见象牙筷子就预感到了天下的祸害。所以《老子》说："能够看到事物的萌芽状态，就叫做明智。"

从前晋公子重耳出外流亡，路经郑国，郑国君主不以礼相待。叔瞻劝说道："这是贤明的公子，您好好待他，可以积德。"郑君不听从。叔瞻又劝说道："不好好待他，还不如杀了他，不要让他日后给我们带来祸患。"郑君又不听从。等到重耳返回晋国，起兵伐郑，大败郑国，夺取了郑国的八座城。晋献公用垂棘的宝玉相赠来向虞国借路去攻打虢国，大夫宫之奇劝说道："不可借路。唇亡而齿寒，虞、虢互相救援，并不是在互相施恩。今天晋灭虢，明天虞必定会跟着灭亡。"虞君不听，接受晋国宝玉，借给晋军道路。晋攻取虢，回国后，又出兵灭了虞。这两位臣子都抢在祸害刚露苗头时就想出了办法，但两位君主却不采纳，所以郑国因此战败了，虞国因此灭亡了。所以《老子》说："事情安定时容易维持，事情未露苗头时容易想法处理。"

扩展阅读

尝一脔肉，知一镬之味[①]；悬羽与炭，而知燥湿之气：以小明大。见一叶落，而知岁之将暮；睹瓶中之冰，而知天下之寒：以近论远。三人比肩，不能外出户[②]；一人相随，可以通天下。足蹍地而为迹，暴行而为影，此易而难[③]。庄王诛里史，孙叔敖制冠浣衣，文公弃荏席，后霉黑，咎犯辞归，故桑叶落而长年悲也[④]。鼎错日用而不足贵，周鼎不爨而不可贱[⑤]，物固有以不用而为有用者。地平则水不流，重钧则衡不倾[⑥]，物之尤必有所感，物固有以不用为大用者。先倮而浴则可，以浴而倮则不可[⑦]；先祭而后飨则可，先飨而后祭则不可[⑧]：物之先后各有所宜也。

（《淮南子·说山训》）

【注释】

①脔（luán）：小块肉。 镬（huò）：形如大盆，用以煮食物的铁器，这里指锅。

②比：靠近，挨着。 户：一扇门，门。

③暴：同“曝”，晒。

④荏：通“衽”，卧席。 霉黑：形容人面容垢黑。 长年：年长之人，长者。

⑤鼎错：古代烹煮用的器物，一般是三足两耳。 足贵：值得重视。 爨（cuàn）：烧火做饭。

⑥衡：指秤杆，泛指秤。

⑦倮（luǒ）：同“裸”，赤体。

⑧飨：乡人相聚宴饮。

【译文】

尝一小块肉，就知道一锅肉的味道；悬挂羽毛和木炭，就知道空气的干燥或者潮湿：这是通过小来知道大的事例。看见一片叶子凋落，就知道秋天即将过去；看见瓶中的水结冰，就知道天气的寒冷：这是以近来推知远的事例。三人肩并着肩，是不能走出门的；其中一人跟在两人后面，就可以于天下间畅通无阻。脚踩着地则留下足迹，晒在太阳下行走就出现身影，留下足迹和出现身影容易，而要使脚印正、影子不斜则困难。楚庄王诛杀了佞臣里史，孙叔敖便制定帽子、洗净衣裳准备复职。晋文公抛弃卧席，又抛弃了面容垢黑的人，以前有过错的人便辞官隐退。所以桑叶凋落会引发长者悲叹时光的流逝。鼎锅因每天使用而不值得重视，周代传国之鼎不用来做饭却不可以轻贱。事物本来就有以不用作为有用的。地势平坦则水不流，重量均等则不倾斜，物体一旦失去平衡就必定会有所感应，事物本来就有以不用而被派大用场的。先脱衣服然后可以洗澡，但穿着衣服洗澡然后再脱衣服就不可；先祭祀神祖然后相聚宴饮是可以的，先相聚宴饮然后再去祭祀祖宗神灵则不可：事物总有一个先后次序、适当规矩。

点评

“以小明大，见一叶落而知岁之将暮，睹瓶中之水而知天下之寒”，微言大义，也是对“见微知著”的形象比喻。“见小曰明”和成语“见微知著”是一个意思，意为见到事物的苗头，就知道它的实质和发展方向。这是善于把握事物发展规律，预见到微小事物必然要发展成大事物的科学判断。万事万物各有其理，得什么理，成什么事，结什么果，都是有规律的。纣用象牙筷是一个开端，从种种迹象可以看出，象牙筷一定要向腐败的方向发展，而且只能是日益腐败，不会是向好的方向转化，所以箕子断定会有“天下之祸”。郑君不听叔瞻劝告，使郑国灭于重耳之手，虞君不听宫之奇告诫，与虢国一道灭亡，都证明灾祸起于未兆，然而“未兆易谋”，所以避免灾祸应从未兆做起。

四十四　老马识途　亦可为师

管仲、隰朋从桓公伐孤竹[①]，春往冬反[②]，迷惑失道。管仲曰："老马之智可用也。"乃放老马而随之，遂得道[③]。行山中无水，隰朋曰："蚁冬居山之阳，夏居山之阴。蚁壤一寸而仞有水[④]。"乃掘地，遂得水。以管仲之圣而隰朋之智[⑤]，至其所不知，不难师于老马与蚁。今人不知以其愚心而师圣人之智，不亦过乎？

（《说林上》）

【注释】

①管仲：名夷吾，春秋时齐桓公的相。　隰（xí）朋：人名。齐桓公的左相。　从：跟随。　孤竹：古代国名，位于今河北卢龙到辽宁朝阳一带。

②反：通"返"。

③遂：于是。

④仞（rèn）：古代高度计算单位，八尺为一仞。

⑤而：与。

【译文】

管仲、隰朋跟随齐桓公攻打孤竹国，春去冬来，在返回的途中迷失了道路。管仲说："老马的智慧可以利用啊！"于是便放开老马在前头带路，大家跟在后头走，终于找到了路。在山里行走时，人马都喝不到水，隰朋说："蚂蚁冬天时住在山的南面，夏天时住在山的北面。蚂蚁穴口上的浮土高一寸，下面八尺深的地方就会有水。"于是掘地，结果找到了水。凭管仲的智慧和隰朋的聪明，碰到他们不知道的，不惜向老马和蚂蚁学习；现在的人不知道用他们的愚蠢之心去向圣人的智慧学习，不是错了吗？

扩展阅读

人才有高下，知物由学[①]。学之乃知，不问不识。子贡曰："夫子焉不学，而亦何常师之有[②]？"孔子曰："吾十有五而志乎学[③]。"五帝、三王，皆有所师[④]。曰："是欲为人法也[⑤]。"曰：精思亦可为人法，何必以学者？事难空知，贤圣之才能立也。所谓神者，不学而知。所谓圣者，须学以圣。以圣人学，知其非圣。天地之间，含血之类，无性知者。狌狌知往，鳱鹊知来，禀天之性，自然者也[⑥]。

（《论衡·实知》）

【注释】

①才：才能，智慧。

②夫子：这里指孔子。此引文出自《论语·子张》。

③有：通"又"。此引文出自《论语·为政》。

④五帝：指上古传说中的黄帝、颛顼、帝喾、唐尧、虞舜。三王：指商汤、周文王、周武王。《韩诗外传》卷五："黄帝学乎大填，颛顼学乎录图，帝喾学乎赤松子，尧学乎尹寿，舜学乎务成子附，禹学乎西王国，汤学乎贷子相，文王学乎锡畴子斯，武王学乎太公。"

⑤法：标准，模式。

⑥狌狌：指猩猩。 鳱（gān）鹊：喜鹊。 禀：承受。

【译文】

人的才智有高低之分，认识事物要通过学习。通过学习才能知道，不请教别人就不能认识事物。子贡说："夫子哪里有不学习呢，可是又为什么要有个固定的老师呢？"孔子说："我十五岁就有志于学习。"五帝、三王，都有所师从。有人说："这是想要作为人们的榜样。"我说：精心思考也可以作为人们的榜样，为什么一定要以勤学做榜样呢？事理难以凭空思考而得知，贤人和圣人的才能通过学习来获得。所谓神人，不用学习就知道天下事；所谓圣人，必须通过学习才能成圣。因为圣人也需要学习，所以知道他并不是神人。天地之间，含有血气的动物，没有天生就知道一切的。猩猩知道往来之人，喜鹊知道未来的喜事，是因为它们承受了上天赋予的本性，自然就是如此的。

点评

人的认识能力有限，而事理是无穷尽的。"事难空知"，无论是圣人还是一般民众，认识事物都需要通过学习。而学习的方法、角度、师从对象也因人而异。但一切有利于自身发展的人和客观事物，不论贵贱，都可以成为我们的老师。故孔子有言："三人行，必有我师焉。"凭管仲的智慧和隰朋的聪明，遇见他们不知道的，也不惜向老马和蚂蚁学习，得以克服难关。"老马识途"的故事也从侧面告诉我们客观事物的重要性。要想越过眼前的障碍，就需要向客观事物学习，探求未知事理，这才是真正的智者。凭这种精神就可以不断战胜自己，超越障碍。古语云："他山之石，可以攻玉。"讲的正是借助客观力量来为自己服务的道理。

四十五　啬其智识　恬淡平安

聪明睿智[1]，天也[2]；动静思虑，人也[3]。人也者，乘于天明以视[4]，寄于天聪以听[5]，托于天智以思虑[6]。故视强[7]，则目不明；听甚，则耳不聪；思虑过度，则智识乱[8]。目不明，则不能决黑白之分[9]；耳不聪，则不能别清浊之声[10]；智识乱，则不能审得失之地[11]。目不能决黑白之色则谓之盲，耳不能别清浊之声则谓之聋，心不能审得失之地则谓之狂[12]。盲则不能避昼日之险，聋则不能知雷霆之害，狂则不能免人间法令之祸。书之所谓治人者[13]，适动静之节，省思虑之费也。所谓事天者[14]，不极聪明之力，不尽智识之任。苟极尽[15]，则费神多；费神多，则盲聋悖狂之祸至[16]，是以啬之[17]。啬之者，爱其精神，啬其智识也。故曰："治人事天莫如啬[18]。"

人无愚智，莫不有趋舍[19]。恬淡平安[20]，莫不知祸福之所由来。得于好恶，怵于淫物[21]，而后变乱。所以然者，引于外物，乱于玩好也。恬淡有趋舍之义，平安知祸福之计。而今也玩好变之，外物引之；引之而往，故曰"拔"[22]。至圣人不然：一建其趋舍[23]，虽见所好之物不能引，不能引之谓“不拔”；一于其情，虽有可欲之类神不为动，神不为动之谓“不脱”[24]。为人子孙者，体此道以守宗庙[25]，宗庙不灭之谓“祭祀不绝”[26]。身以积精为德，家以资财为德，乡国天下皆以民为德。今治身而外物不能乱其精神，故曰：“修之身，其德乃真。”真者，慎之固也[27]。治家，无用之物不能动其计，则资有余，故曰：“修之家，其德有余。”治乡者行此节，则家之有余者益众，故曰：“修之乡，其德乃长[28]。”治邦者行此节，则乡之有德者益众，故曰：“修之邦，其德乃丰。”莅天下者行此节，则民之生莫不受其泽，故曰：“修之天下，其德乃普。”修身者以此别君子小人，治乡治邦莅天下者各以此科是适观息耗[29]，则万不失一。故曰：“以身观身，以家观家，以乡观乡，以邦观邦，以天下观天下。吾奚以知天下之然也[30]？以此。”

（《解老》）

【注释】

①聪：听觉，听觉好。　明：视觉，视觉好。　睿（ruì）：聪明。

②天：自然。

③人：指人为。

④乘：凭借。

⑤寄：寄托，依靠。

⑥托：依托。

⑦视强：视力用得过度。

⑧智识：智慧和认识能力，即智力。

⑨决：辨别，判断。

⑩清：清亮。　浊：粗重。

⑪审：细察，分清。　得失之地：成功和失败的根据。

⑫狂：迷乱。

⑬书：指《老子》。

⑭事天：指使用自然生成的聪明睿智。

⑮苟：假如。

⑯悖（bèi）：乱，违背。

⑰啬（sè）：吝啬，节省。

⑱这句话出自《老子》王弼注本五十九章。

⑲趋舍（shě）：取舍，追求和抛弃。

⑳恬（tián）淡：清静寡欲。恬，安静。

㉑怵：引诱。　淫物：指珍贵的奢侈品。

㉒拔：指经受不住引诱跟着走。

㉓一：专一，牢固。

㉔不脱：精神不为所动。

㉕宗庙：古代统治者安置祖宗神主以供祭祀的建筑物。

㉖不灭：香火不灭。

㉗真：精气和精神。　慎：小心。　固：神不外求。

㉘长：更多了。

㉙科：条目。　适观：对照着观察。　息：生长。

㉚奚：何，怎么。

【译文】

听力、视力和智力是自然生成的，它们的动静思虑是人为的，人为的奢侈物品要依靠自然生成的视力去看，依靠自然生成的听力去听，依靠自然生成的智力去思考。所以视力用得过度，眼睛就不明；听力用得过度，耳朵就不灵；思虑过度，智力的认识功能就混乱。眼睛不明，就不能判断黑白界限；耳朵不灵，就不能区别清浊声音；智力的认识功能混乱，就不能弄清是非得失。眼睛不能判断黑白颜色就叫做盲，耳朵不能区别清浊声音就叫做聋，心智不能弄清是非得失就叫做狂。盲就不能躲避白天的危险，聋就不能知道雷霆的危害，狂就不能免于社会法令予以惩罚的灾祸。《老子》所说的"治人"，是说适应动静的节律，节省精神的消耗。所说的"事天"，是说不要用尽听力和视力，不要超过智力认识功能的限度。如果完全用尽，就会过度费神；过度费神，盲聋狂乱的祸害就会到来，因此要节省。节省是指爱惜精神，节省脑力。所以《老子》说："治人事天的方法莫过于节省精神。"

人们不论是愚蠢还是聪明，没有不进行取舍的。人们在清静寡欲、平和安闲的时候，没有不知道祸福从何而来的。为好恶感情所支配，为奢侈东西所诱惑，然后才引起思想变化并发生混乱。之所以如此，是因为被外界事物所引诱，被珍贵玩物所扰乱。清静寡欲就能设立取舍的准则，平和安闲就懂得恰当地计虑祸福。而现在有珍贵的玩物打动他，有外界的事物引诱他；一经引诱，他就跟着走，所以《老子》就叫它"拔"。至于圣人，就不是这样。圣人牢固地确立取舍标准，虽然看到爱好的东西，也不会被引诱；不会被引诱就叫做"不拔"；圣人的性情专一。虽然存在着引起欲望的东西，精神却不为所动；精神不为所动，就叫做"不脱"。做子孙的人，体察这一道理来守护宗庙；宗庙不灭，就叫做"祭祀不绝"。身体以积累精气为德，家庭以积蓄财产为德，乡下、城里、国家都以保养民众为德。现在勤于自身修养，外界事物不能扰乱他的精神，所以《老子》说："修养施行到自己身上，他的德就会真。"所谓真，就是守护得很牢固。治理家庭，没有用的奢侈物品不能改变他的治家原则，就会资财有余，所以《老子》说：“修养贯彻到家庭，他的德就有赢余。”治乡也实行这一原则，那有赢余的家庭就会更多，所以《老子》说：“贯彻到乡里，他的德就增长。”治理都城实行这一原则，那么乡里有德的人就会更多，所以《老子》说：“贯彻到都城，他的德就丰富。”主宰天下实行这一原则，民众的生存无不受到他的恩惠，所以《老子》说：“贯彻到天下，他的德就普及广大。”修身的人用这项原则来区别君子小人，治乡、治国以至主宰天下的人各自用这一原则来对照观察兴衰，就能够万无一失。所以《老子》说：“用自身来观察自身，用家庭来观察家庭，用乡里来观察乡里，用国家来观察国家，用天下来观察天下。我凭什么知道天下是这样的呢？用的就是这个方法。”

扩展阅读

善建者不拔[①]，善抱者不脱[②]，子孙以祭祀不辍[③]。修之于身，其德乃真；修之于家，其德乃余；修之于乡，其德乃长[④]；修之于邦[⑤]，其德乃丰；修之于天下，其德乃普。故以身观身[⑥]，以家观家，以乡观乡，以邦观邦，以天下观天下。吾何以知天下然哉？以此。

（《道德经》五十四章）

【注释】

①善：善于。　拔：拔除，动摇。

②抱：抱住，固定，这里指秉持。　脱：丧失，脱落。

③辍：停止、断绝、终止。

④长：尊崇。

⑤邦：一本作“国”，指国家。

⑥观：观察，观照。

【译文】

善于建立自身道德的人不会动摇，善于秉持自身道德的人不会丧失信心，如果子孙世代能够体察并遵循这个道理，那么子子孙孙就不会断绝。把修养道德施行到自己身上，他的德性就会真实纯正；把修养道德贯彻到自己的家庭，他的德性就会丰盈有余；把修养道德贯彻到乡里，他的德性就会受到尊崇；把修养道德贯彻到国家，他的德性就会丰盛硕大；把修养道德贯彻到天下，他的德性就会广泛普及。因此，用自身来观察自身，用家庭来观察家庭，用乡里来观察乡里，用国家来观察国家，用天下来观察天下。我凭什么知道天下是这样的呢？是因为我用的就是这个方法。

点评

老子讲“以身观身，以家观家，以乡观乡，以邦观邦，以天下观天下”，儒家的经典《中庸》也阐述了“修身、齐家、治国、平天下”的修身之道，“喜刑名法术之学，而其归本于黄老”的韩非对《老子》的修身理论尽情发挥，三家可谓“殊途同归”，即所谓观天下、平天下、莅天下，三者合一，均认为立身处世的根基是修身。道家修身讲求自然发展，趋于恬淡平安，而儒家秉承“出世”的思想，有目的地去修身。但他们所讲的爱惜精神，啬其智识，都不是限于个人的吝啬，而是积德治天下。可见，修身积德是三家共同的主张，是中国传统思想文化的宝贵财富，更应为当今世人所秉承。

四十六　守株待兔　不知变通

宋人有耕田者[①]，田中有株[②]，兔走触株[③]，折颈而死，因释其耒而守株[④]，冀复得兔[⑤]。兔不可复得，而身为宋国笑[⑥]。今欲以先王之政[⑦]，治当世之民，皆守株之类也。

（《五蠹》）

【注释】

①宋：诸侯国名。子姓。位于今河南东部和山东、江苏部分地区。

②株：树桩。

③走：奔跑。

④释：丢下，放下。　耒（lěi）：古代翻土的农具。

⑤冀：希望。　复：重复，再。

⑥身：自己。

⑦先王：这里指尧、舜、禹、汤、武。

【译文】

有个宋国人在田里耕作，田中有一个树桩，一只兔子奔跑时撞在树桩上碰断脖子死了。从此这个宋人便放下手中的农具，守在树桩旁边，希望再捡到撞死的兔子。他当然不可能再得到兔子，自己却被宋国人所嗤笑。现在假使还要用先王的政治来治理当代的民众，那就无疑和守株待兔之类人一样可笑了。

扩展阅读

楚人有涉江者[①]，其剑自舟中坠于水，遽契其舟[②]，曰："是吾剑之所从坠。"舟止，从其所契者入水求之。舟已行矣，而剑不行，求剑若此，不亦惑乎[③]！

（《吕氏春秋·察今》）

【注释】

①涉：跋涉，这里指渡江。

②遽：急遽，立刻。　契：用刀子雕刻。

③惑：迷惑，惶惑，这里是糊涂的意思。

【译文】

楚国有个乘船渡江的人，他的剑从船中掉进了江水里，于是急忙在船舷上刻了一个记号，说："我的剑就是从这里掉下去的。"船停止行驶后，这个人顺着他在船舷上刻的记号下水去寻找剑，但怎么也找不到。船已经行驶了，而剑不会随着船行驶，像这样用刻舟求剑的办法来寻找剑，不是很糊涂吗？

点评

“守株待兔”和“刻舟求剑”，这两个寓言故事家喻户晓，其寓意有着相同之处。韩非用“守株待兔”这篇寓言譬喻守旧者的愚蠢可笑。守旧人物首先是指死守旧制度、按旧办法治理国家的君主和大臣，他们无视礼崩乐坏的大趋势，更不想走变法图强之路，而是拘泥旧制，抱残守缺。鼓吹旧制度的人们，也就是寓言末尾所指的“欲以先王之政，治当世之民，皆守株之类也”。这两篇故事也告诉世人：世上的事物是不断发展变化的，我们要用发展的眼光看问题，想问题办事情都要考虑到这种变化，使自己的思想、行动适应并符合变化的需要，不能拘泥于过去或现在而不知变通，只有这样，人类才能不断进步，社会才会不断发展。

四十七　宁信尺度　不信己脚

郑人有且置履者[①]，先自度其足而置之其坐[②]，至之市而忘操之[③]。已得履，乃曰："吾忘持度[④]。"反归取之[⑤]。及反，市罢[⑥]，遂不得履。人曰："何不试之以足？"曰："宁信度，无自信也[⑦]。"

（《外储说左上》）

【注释】

①且：将。　置：购买。　履（lǚ）：鞋。

②度：量。　置：放，搁在。　坐：通"座"，座位。

③至：及，到。　之：往。　操：拿，携带。

④度：指量好的尺码。

⑤反：通"返"，返回。

⑥市：集市，市场。　罢：散，停止，结束。

⑦自信：相信自己的脚。

【译文】

郑国有个打算买鞋的人，他先量好自己脚的尺码，然后把量好的尺码放在座位上，去集市时却忘了带上。已经挑好了鞋时，他才说道："我忘记带量好的尺码了。"于是返回家去取。等到再返回来时，集市已经散了，结果没有买到鞋。有人问他道："为什么不用脚试试？"他说："我宁愿相信量好的尺码，也不相信自己的脚。”

扩展阅读

伯乐[①]《相马经》有“隆颡蛈日，蹄如累曲”之语[②]。其子执《马经》以求马，出见大蟾蜍[③]，谓其父曰：“得一马，略与相同，但蹄不如累曲尔！”伯乐知其子之愚，但转怒为笑曰：“此马好跳，不堪御也[④]。”此所谓“按图索骥”[⑤]也。

（《艺林伐山》）

【注释】

①伯乐：人名，相传是古代的相马专家。

②隆颡（sǎng）：形容千里马的额头丰满。 蛈日：形容千里马的眼睛闪闪发光。 累曲（qū）：叠起来的酒药饼子。曲，酿酒或制酱用的发酵物。

③蟾蜍（chán chú）：俗称癞蛤蟆。

④堪：能够，可以。 御：驾驭，控制。

⑤按图索骥：按照画像去寻求好马。比喻机械地按老办法办事，不知变通；也比喻按照线索去寻找事物。此为一个成语。索，找。骥，良马。

【译文】

伯乐所著的《相马经》中有“额头丰满，眼睛闪闪发光，马蹄如叠起来的酒药饼子，又大又端正”的话。伯乐的儿子拿着《相马经》去找寻良马。在外面看到一只癞蛤蟆很像书中写的千里马的特征，便对父亲说：“我找到一匹良马，与书中描述的有些一样，但是蹄子不像叠起来的酒药饼子。”父亲知道自己的儿子愚笨，便不生气，并且笑着说道：“这马喜欢跳，不能够驾驭。”这就是所说的“按图索骥”。

点评

故事中的郑人和伯乐之子都不知变通，不尊重客观实际，死守教条。大家觉得他们似乎愚得不能再愚了，现实生活中也许不会有这种人。但是它所比喻的人和事，古往今来都不乏有其人。这些人和宁信尺子不信自己的脚的郑人，与只信书本不尊重实际的伯乐之子，实在没有丝毫差别。这两个故事也告诉我们对待事物要尊重客观事实，随机应变，不能墨守成规，犯教条主义错误。